献给正在筑梦及逐梦的旅宿人

黄伟祥 Bob ——— 著

微型旅宿
经 营 学

图书在版编目（CIP）数据

微型旅宿经营学／黄伟祥著. —广州：广东经济出版社，2019.3
ISBN 978－7－5454－6349－1

Ⅰ.①微… Ⅱ.①黄… Ⅲ.①旅馆－商业经营 Ⅳ.①F719.2

中国版本图书馆 CIP 数据核字（2018）第 162218 号

版权登记号：19－2018－045

责任编辑：程梦菲　张晶晶
责任技编：许伟斌
封面设计：门乃婷工作室

《微型旅宿經營學：民宿、青旅、B&B、商旅，設計到完賣教戰聖經》
ⅰ 中文简体字版© 2019 年，由广东经济出版社出版。
ⅱ 本书由台湾城邦文化事业股份有限公司麦浩斯出版正式授权，经由凯琳国际文化代理，由广东经济出版社独家出版中文简体字版本。非经书面同意，不得以任何形式任意重制、转载。
本著作限于中国大陆地区发行。

《微型旅宿经营学》
Weixing Lüsu Jingyingxue
黄伟祥 Bob　著

出版发行	广东经济出版社（广州市环市东路水荫路 11 号 11~12 楼）
经销	全国新华书店
印刷	东莞市翔盈印务有限公司 （东莞市东城区莞龙路柏洲边路段）
开本	787 毫米×1092 毫米　1/16
印张	13.75　2 插页
字数	180 000 字
版次	2019 年 3 月第 1 版
印次	2019 年 3 月第 1 次
印数	1~5 000
书号	ISBN 978－7－5454－6349－1
定价	58.80 元

如发现印装质量问题，影响阅读，请与承印厂联系调换。
发行部地址：广州市环市东路水荫路 11 号 11 楼
电话：（020）38306055　37601950　邮政编码：510075
邮购地址：广州市环市东路水荫路 11 号 11 楼
电话：（020）37601980　营销网址：http://www.gebook.com
广东经济出版社新浪官方微博：http://e.weibo.com/gebook
广东经济出版社常年法律顾问：胡志海律师
·版权所有　翻印必究·

自序

设计=创意+延伸性

设计是一种有逻辑的创作行为,因此设计师考虑各种信息、情报后,针对人们的需求逐步分析、探索,再用独特的美感诠释理念,成就令人动容的创作。

Dieter Rams[1]认为:"好的设计要包含以下十点:创新、实用、美感、易懂、低调、诚实、持久、条理、环保、极简。"

Thomas J. Watson[2]说过:"好设计就是好生意。"

朱延智[3]博士说过:"越重视品牌的企业,就越重视设计。"

这也是本书出版的重点——希望能让读者当自己的旅宿经营师。

《微型旅宿经营学》不只从基础开始讨论该不该开一间旅宿,更探讨了深层的旅宿面向,让你通过成功旅宿的三大生存条件——空气、阳光、水(噢~不!我指的是"数据、软件与硬件")来布局,运用硬件、软件与数据,以及有逻辑的创意行为来创造创新、持久的自主旅宿品牌。

什么是微型旅宿?这个词语你可能无法Google得到,因为这是我所"孕

---

[1] Dieter Rams,德国著名工业设计师,出生于德国黑森州威斯巴登市,与德国家电制造商博朗(Braun)和机能主义设计学派有很密切的关系。
[2] Thomas J. Watson,美国商人,在1914—1956年间出任国际商用机器公司(IBM)首席执行官,带领IBM在20世纪20—50年代发展成国际知名的商业机构。他实行有效的管理,使IBM赚大钱。
[3] 朱延智,现任明道大学创新与经营学系助理教授,著有《图解产业分析》等数十本著作。

育"出来的专有名词。2012年初，我开始对我自己所谓的"微型旅宿"下了一个定义：它是一个小规模（Tiny Scale）的住宿形态，"微型"的广义包含了日租房、民宿、短租公寓/套房、青年旅馆、小型旅社、客栈、露营地、农家乐及沙发客（couch surfing）等。至于会叫作"旅宿"，则是因为我认为住宿这档事占了旅程几乎50%的重要性，它不只是住宿环境，更是旅程的一部分，而且是重要的那一部分。台湾"观光局"在2012年底正式开创台湾旅宿网，"旅宿"这个名词似乎也代表着产官学界开始注重这种产业的发展，因此无论是业者或消费者都必须审慎待之。但在这本书里读者基本上不会看到太官方的旅宿经营管理理论式分析，反而会是更实际且受用的信息分享，放松心情来阅读它吧！

Just relax and enjoy it!

也因为我早期曾经在饭店担任过一线人员，包括门童、行李员、总机、订房员、前台接待员、餐厅服务员、行政楼层主管、营销业务人员等，几乎饭店内的所有工作都经历过一番，因此非常能够体会业者现在在经营上感受到的痛苦。而一直到了2012年，我因缘际会跳进了线上订房平台（OTA），主要工作就是接触经营旅宿的业者以及担任线上营销的协助者，这几年手上流动的对象已经接近四位数。我发现真正充满经营智慧的是那些中大型旅馆以外的旅宿，一言以蔽之，这就是三折肱为良医。也因为我们不是含着金汤匙出生，没有一开始就请专业经理人、开好几间连锁旅店的本钱，因此我们从"微型"开始，而这本书的用意就是要让你能够HOLD得住全场，经营旅宿更加上手，提高产能，事半功倍！

《微型旅宿经营学》，我们姑且把它当成一本工具书，正在逐梦的经营者务必熟读，或是任何一位即将投入微型旅宿的梦想者，建议得要先熟读内容后再考虑是否愿意和我们一同"沦"为旅宿人喔！

前言

这里我也是要再次不厌其烦地解释一下心目中的"微型旅宿":其代表着60房以下的商旅、民宿、青年旅馆、日租房、沙发客、露营地等。而我们为什么特别要针对这样规模的旅宿来探讨线上营销或是设计理念呢?

故事是这样的,一般中大型旅馆有充分的预算去安排PR(公关)或是有集团资源可以共同整合应用,不仅事半功倍甚至可以轻而易举地成为媒体吹捧的首要对象,但数量最多、最弱势且资金较不耐"烧"的微型旅宿们,一不小心就成了营销弱势方。因此,我希望能够分享一些快捷、有效和正确的方法来协助微型旅宿的创业者们一起抗战,在住宿市场培养出一块园地,让大家可以健全地发展与进步。

▎青年创业的首选不再是咖啡馆,而是微型旅宿!

数年前,南投、宜兰、花莲、垦丁,这些区域的民宿渐渐兴起,一、二线的城市小旅社默默转型成青年旅馆,小型精品、商务、设计旅馆兴起,一同踏入微型旅宿的大熔炉。与中大型旅馆的等级比较起来,微型旅宿的门槛的确亲民一些,这也是为何在短短的几年,B&B、Hostel、日租房、小型旅馆等如雨后春笋般地发展,前两年更因为有大陆的观光效益,促长了供需比,更增加了多元的住宿环境来适应各式不同的消费者需求。此外,青年们有着强烈的创业精神,大家更愿意尝试门槛较低的微型旅宿,当自己的管家,这一股微型旅宿势力已经慢慢增长。

"观光惨业"如何逆境重生？

2016年，台湾观光产业的发展，在同行之间被称为"观光惨业"。2016年1~7月累积来台旅客人数与2015年同期相比增加约8%，旅馆、民宿数量在这一年间也增加了14%，总数量从9467家增加到10822家。平常接待团客的中大型旅馆也渐渐出现断层，也因为很长一段时间没有好好经营FIT（散客、自由行客人），一时间也无法用FIT的体量来填补缺口，而导致现金流困顿，最后碍于成本考量只好用折扣吸引FIT市场，虽然能挽救住房率，但平均房价已经失衡，整体年度的RevPAR①锐减，整个旅宿产业哀鸿遍野。

也因为这样，越来越多业者想要重新学习如何做好线上营销与FIT市场。想要在这战场上撑到最后，拥有别人参不透的秘技绝对是必需的！让我们一步步成为微型旅宿的霸主吧！

---

① RevPAR是Revenue Per Available Room的缩写，意为"平均每间可供出租客房收入"，或者"平均客房收益"。RevPAR是衡量饭店客房经营水平和投资回报的一项重要指标。国际通用的饭店教科书、国际饭店管理集团采用的统计体系，以及饭店投资业主、饭店经营者、与旅游和饭店相关的咨询公司，都将RevPAR作为非常重要的指标来使用。客房出租率和实际平均房价是饭店经营活动分析中两个非常重要的指标，但是，如果单从客房出租率或是单从实际平均房价分析来考核客房的经营业绩，都是片面的，甚至会得出相反的结论。而RevPAR将这两项重要分析指标结合起来，能够合理地反映客房的经营质量。

RevPAR的计算公式为：
RevPAR=客房总收入/可供出租客房数 或 RevPAR=客房出租率×平均房价

目 录

Chapter 01 为什么他们订单接不完？设计旅宿案例介绍X4---3

绿代表（GO GREEN）：叶绿宿---5

致代表（精致）：有窝客栈---11

幸代表（小确幸、轻设计）：小南天生活轻旅---17

亲代表（亲民、人文、当地特色）：金门北山洋玩艺民宿---23

Chapter 02 从1条毛巾开始学习：微型旅宿的规划---31

START 设计 I 绝对值 I 的微型旅宿---32

2-1 微型旅宿的硬设计---36

　　专栏1 微型旅宿的建筑与室内设计---44

2-2 微型旅宿的软设计---53

　　专栏2 微型旅宿的服务设计---71

2-3 微型旅宿的数据设计---79

　　专栏3 SEO应用术---86

Chapter 03 永续经营法则：微型旅宿的经营---93

3-1 从"4W1H"检视你的微型旅宿---94

3-2 微型旅宿经营实力养成---106

Chapter 04 微型旅宿的O2O：线上营销制胜关键---119

4-1 OTA线上订房大破解---120

> 专栏4 OTA深入探索---161

4-2 线上营销工具应用---170

> 专栏5 区块链应用--176

结语 微型旅宿的成长与未来---178

附录 线上营销懒人包---181

从一条毛巾开始学习，
微型旅宿经营学。

"微型旅宿"是我所"孕育"的一个词，其代表着60房以下的商旅、民宿、青年旅馆、日租房、沙发客、露营地等。很多人看到这里可能就开始想，我家的空房是不是也可以拿来出租？但实际上开家旅宿可没那么简单，这里我将介绍独具特色的四家旅宿，它们各有各的特色，我将其分类为：绿代表（GO GREEN）——叶绿宿；致代表(精致)——有窝；幸代表（小确幸、轻设计）——小南天生活轻旅；亲代表（亲民、人文、当地特色）——金门北山洋玩艺。

Chapter 01

为什么他们订单接不完？

设计旅宿案例介绍
×4

Case1

绿代表（GO GREEN）：
叶绿宿

我曾经在一家温哥华的饭店服务过，它是一家ECO-friendly（环境友善）的高端酒店，被Green Key Global（绿色旅宿评估系统）评为5 Green Key Hotel（绿色钥匙五星旅馆）并拥有4 Green Key Meetings（绿色钥匙会议计划四星）。但在这边的ECO不代表低廉或低价，而是代表有效节能、减少碳排放和环保相关的建设。他们在顶楼建立了有机蔬菜园区和养蜂区，早餐的新鲜蔬菜和现采蜂蜜是他们的一大卖点，而事实上早在2008年他们就开始进行这一系列有意义的活动。

终于，很开心在台湾陆陆续续有很多微型旅宿也被这样的氛围感染了。毫不讳言地说，在台湾做绿建筑很大程度上是为了领取地方政府的补贴，因为绿建筑的标准加诸建筑成本上不是一般微型旅宿能够承担的，所以我们好不容易在台中发现了一个从头绿到尾的叶绿宿旅馆，它从CI（企业识别）到建筑体，甚至于到房内软件的应用都处处充满了"GO GREEN GO ECO"的清新感。

Data

叶绿宿旅馆
台中市西屯区西屯路二段287号
04-2707-7373
年度平均住房率：八成以上

"我常被询问到，为何选择绿色环保作为旅馆的特色，但其实我们并非刻意去选择这块作为特色，而是认为自然环保本来就是一个非常重要的议题，所以在确定要做自己的旅馆时，就希望能通过软硬件上的设计去支持绿色环保这个议题。"叶绿宿旅馆的主人Kevin这么说道。而他们后来也发现这个坚持是对的，不但让叶绿宿在一片设计旅馆市场中展现出独特性，也让更多旅客了解到绿色旅行是可行的，甚至是更加愉快并具有启发性的。

因此在硬件部分，叶绿宿旅馆内有明亮的天井，用对外窗取代中央空调，让自然通风、采光成为可能。走进叶绿宿就像走进一片森林，13米高的植生墙兼顾美感及降温功能，还能向室内释放芬多精。另外，馆内全面使用LED灯，热水供应采取热泵加热系统，而非一般旅馆采用的锅炉制热，更能兼顾节能省电。客房内不主动提供一次性用品，使用按压式沐浴洗发乳及节水淋浴喷头。自2017年起，更全面采用饮水机为旅客提供饮用水，馆内不再提供瓶装水，为的就是让旅客更加贴近环保。因此，2017年被他们定义为叶绿宿环保元年。

▎陪睡小盆栽让环保与人更亲近

在软件部分，叶绿宿在官网提供了环保专案：以车票折扣、无一次性用品优惠价等来鼓励绿色旅行。并且发挥小小巧思，将平淡无奇的房卡套结合风景明信片及书签供旅客免费使用，增加旅客和叶绿宿的联结。而通过自制的台中市旅游地图，结合搭乘公共交通工具的方式设计，免费提供给每位旅客使用，鼓励旅人利用公共交通低碳旅行，同时体验台中之美。

而旅馆主人觉得自然环保本身对于大众来说，是比较生硬且有距离的议题，因此除了馆内绿化让旅客能亲身感受自然的美好，更设计了可爱的多肉陪睡小盆栽，让客人通过接触自然，爱上自然，进而萌生对自然环保的重视。

叶绿宿在每间客房里都放置了可爱的多肉陪睡小盆栽,让客人通过接触自然,爱上自然,进而萌生对自然环保的重视。

走进叶绿宿就像走进一片森林,13米高的植生墙兼顾美感及降温功能,还能向室内释放芬多精。

经营营销
心法

在设置旅宿的主题之前，有没有先调查过市场上有没有相似的产品？或是怎么选定了这个特色？

  选择一个主题是很容易的，但是它背后必须有支持它的理念，否则一切都是空洞的，只是一个商业点子，而并不能带来任何感动。你看在一片设计工业风当道的状态下，叶绿宿显得返璞归真。我们回到旅宿业的原点去思考，对于旅客来说，一趟旅行的意义是什么？炫目的设计只是一时，远离繁琐的日常，彻底地放松身心才是真的。旅人就像叶绿宿的吉祥物小蜗牛一样，背着厚重的壳，一步一步前进，慢慢欣赏沿途风景，最后，寻找一片舒适的叶片栖息。叶绿宿为旅人打造安静、明亮、舒适的休憩天地，导入自然光线、新鲜空气，给旅人最清新的呼吸。让旅人能好好充电、再充满元气地继续下一段旅程。叶绿宿在馆内的体验设计上，都是基于这个初衷来进行安排的。

叶绿宿这个品牌营造了很疗愈的"小清新感"，在设立一个品牌精神时，最困难的点是什么？

  应该说，CI（Corporate Identity，企业识别）是一切的根本，就像是DNA，它会影响一切，可以说旅馆的软硬件及体验设计都是依据品牌精神规划实施的。营销则是CI的延伸，它像是一种手段，让更多人能认识并了解到品牌。当然不可否认，坚持走自己的路，不受外在环境影响而动摇自己的初衷是很辛苦的，但也唯有坚持走自己的路，才是维护自己品牌精神的不二法门。

以环保为诉求的叶绿宿,馆内有明亮的天井,用对外窗取代中央空调,让自然通风、采光成为可能。

Case2

致代表（精致）：
有窝客栈

在花莲这个民宿战场，2016年1月同期合法民宿数量达到1485家，约占全台的24.13%；若统计至2017年1月，最多达到1686家，占全台湾民宿的23.7%，而年度比较起来整整又增长了13.54%。由此可见，要在花莲拼出一条血路只有两把刷子是绝对不够的，尤其在东岸人力资源不如一、二线城市发达的状况下，能把软硬件兼顾的民宿少之又少。有窝客栈是一个新的品牌，但不到一年的时间已经开了二馆，秘诀在哪里？在我看来答案是"用心"。

Data

有窝客栈
花莲市国兴三街82号
0972-067-998
房间数：16间
年度平均住房率：九成以上

曾经有一位设计师前辈提点我，在设计好一个旅宿空间（包括硬件与软件）之后，要让女性友人视察一遍。原因有二：一来，女性多数细心，能修正男性设计师没发现的缺点；二来，多数情侣订房，女方拥有订房主导权，太阳刚的风格无法完全吸引女性，有点女性的风情可以加分许多。这样的论点看似有点道理，但一直无法得到证实，直到我遇见了有窝。

▎从品牌打造到设计装潢的用心

有窝的诞生其实是旅宿主人刘璟萱经营五年背包客栈的延续。刘璟萱和七轮空间设计的安伟业一起绞尽脑汁，使旅宿从无到有，油漆、批土、贴地砖几乎都是他们自己动手。因为资金有限，刘璟萱舍弃了许多现成家具，从二手货慢慢购入，到老件旧货，渐渐对于不完美的美深深着迷，在冷色调的大厅用温暖的咖啡及泡面舒缓旅人的疲惫。

有窝在外观上采用水泥外墙并不太能看出其特色之处，但走进了骑楼看见左手边堆砌的砖墙，看得出设计师特意把一些砖块的角度以不矫情的方式修掉，创造出斑驳砖墙的模样，让人印象深刻。走进Lobby后看得到许多软装，虽然都是独立的对象，但放在这个空间里却似乎经过刻意的规划，让人觉得空间的安排极为细致。另外，房间的设计、灯光的照射方向、建材的耐用考量，这些都是屋主一手包办，空间和软装设计令人新鲜感十足。她在安排浴室时为了让整体的色调能更平衡，硬是把马桶盖换成了黑色亚克力上盖，让整个浴室活了起来。没错！一个细节，让画面更加协调、更加完美。

"有窝的原意是'家'。鸟巢是小鸟一点一点使用树枝不畏风雨完成的一个'家'，是精神指标，希望旅人在花莲有家的感受，是有窝最终的核心价值，这样还能让旅人在住宿的同时体验有窝手工的温度。并使用时下年轻人口头语'有哦！有窝！'来增加亲近感及记忆点。此外，'窝'谐音WORK（工作）和WORTH（价值）。"刘璟萱作了这番诠释。

厨房的设计是刘璟萱自己画的,外形像个小吧台。开放式的厨房让旅人多了一份家的归属感,加上刘璟萱热爱烘焙,烤完蛋糕会给客人品尝评分,增加彼此之间的交流,能分享是一种福分。

经营营销
心法

在设置旅宿的主题之前，有没有先调查过市场上是否有相似的产品？或是怎么选定了这个特色？

其实有窝一直没有主题限制，一开始也没有被任何框架圈住，但现在被定位在工业风格倒是蛮开心的。市场上什么风格都有，但是如果只追随单一潮流，大概几年后就会失去新鲜感，总归还是需要整体美感，尽量避免重复性及辨识度高的淘宝货。

设计和监工不假他人之手，但施工现场要怎么和工班们有效地讨论？

施工前一定要买本工具书简单阅读，这样在谈论细节时才不会被牵着鼻子走，否则可能花了大钱却完全不是自己喜欢的风格。装潢师傅分水电、木工、铁工、泥作、玻璃等，水电细分出弱电专业，泥作分出砌砖、灌浆及贴砖工种。光是铁件也细分白铁、钸铁、黑铁及钢铁等，差别在价格及易锈程度。所以多阅读些工具书，即使是门外汉也能轻松掌握细节。

施工前后要提点业者们哪些注意事项？

施工前一定要注明所有产品品项细节及工程进度时间，我比较在乎品质及售后服务，不会一直比价及杀价，因为一分钱一分货，多付一点不见得会吃亏，好的房子能使旅宿减少很多事后修补问题。我会先设置想要的风格，并参考国外的APP，依空间需求去寻找喜欢的软件，摆放后拍照，慢慢调整找出最适合的位置。当然，基本的弱电，还有电视位置、WI-FI一定都要先决定好哦！

多数的旅宿在床头板上不会太拘泥，不外乎是木板、甘蔗板、床头绷板，但有窝却是和木工协力分割出一些几何图形，排列出了一张极具风味的壁画床头板，让人印象深刻。

壁贴有立竿见影的效果，尤其是现在进口壁纸几可乱真，风格也强烈，适合装饰大面积的白色墙面。

Case3

幸代表（小确幸、轻设计）：
小南天生活轻旅

微型旅宿的另一个重点也就是迷人的价格，让消费者觉得物有所值，甚至有时候能超越期望值，赚到所谓的小确幸。而身为旅宿业者，小确幸要怎么创造？台南有很多身经百战的微型旅宿，它们必须抵抗文青日租，也需抵抗"高贵不贵"的五星酒店，更要和地点极为便利的廉价旅馆厮杀，这些微型旅宿已经练就出了一身好功夫——坚固的客群结构、良好的价格营销策略。小南天就是因为它能通过区隔营销抓住自己的市场，有点特别、有点神秘又有点让人惊奇，从而稳稳站牢市场。

Data

小南天生活轻旅
台南市中西区忠义路二段 158 巷 74 号
06-223-1666
房间数：28间房
年度平均住房率：六成以上

位于台南市中西区巷子里的小南天生活轻旅，旅店旁为拥有300多年历史的也是全台湾唯一的黑面土地公庙，据历史记载这是明清时期唯一的土地公庙；而小南天之名相传则是明永历二十年（公元1666年）①，宁靖王朱术桂前往此地游览，望见秀丽山水，认为此地可比南天胜地，故题"小南天"。正因为如此，依偎在土地公庙旁将近114年历史的老厝经过店主人的邂逅、发掘及改建，以小南天为名被赋予了全新生命。

▍女性取向微旅宿走出老宅新路

而在台南这座古城中，老宅新生的各式商机处处可见，举凡餐厅、饮料店、旅宿等有如雨后春笋般冒出，但矗立于巷弄之内的小南天生活轻旅却和大伙走不同的道路：仅限女性客人入住，男性旅客须有女性朋友陪伴入住。因此，设计师用现代女性线条的建筑视觉美感，打造出专属于小南天女孩的旅游闺房。

正因为是以女性顾客为主的旅宿，在硬件设计上以简单的日式MUJI清新样貌诠释，而软件的细节上也多有着墨：植物环保瓶矿泉水，自然纯净绿色发妆品牌O'right（欧莱德）精品沐浴露、洗发水及德国曼宁有机花茶茶包。不以炫丽的外观取胜，而是从细节与服务入手，令人感到宾至如归。

此外，从小南天的官网可以发现这家旅宿的特色DNA，品牌特征非常鲜明，小确幸的女孩风格让大男生都为之融化！

---

① 永历为昭宗朱由榔年号。永历十六年（公元1662年）朱由榔为吴三桂所杀，台湾郑氏沿用该年号至三十七年（公元1683年）。

以女性为主要发展方向的小南天生活轻旅，在设计方面不走台南的老宅路线，而是以清新MUJI风赢得客户的喜爱。

经营营销心法

在设置旅宿的主题之前，有没有先调查过市场上有没有相似的产品？或是怎么选定了这个特色？

小南天生活轻旅位于闹中取静的巷子里，而其先天的小房条件，就让所有接触到它的人无形中被引导到专为女性旅人设立的方向，可以说是绝佳的缘分成就了小南天女性旅客住宿空间的品牌定位。

在设立一个品牌精神时，最困难的是什么？

品牌营造是个持续的毅力工程，小南天生活轻旅则是持续坚守对女性旅客承诺、打造团队行事风格始终一致的企业文化，并不因眼前风潮小利而违背品牌精神，这样的坚持，才能成就一点一滴的品牌定位，深得女性旅客芳心。

小南天官网订房三大保证：

保证最佳优惠价格！保证独家优惠方案！保证无线上订房手续费！

对于官网订房，有没有什么观念想要分享给同业？

一间实体旅店天生就具备高固定成本、低变动成本的特性，加上房间住宿服务受通勤时间影响很大，因此，多渠道布局及弹性价格政策就是一个优良经营团队应该具备的灵活策略，但同时又要坚持对顾客的品牌承诺，官网直接订房和忠实客户方案就是最佳的平衡选择。

因为是老旅社活化,在格局上有所限制,但在设计师的巧手安排下,房间功能性增加,采光更是神来一笔。

Case4

亲代表（亲民、人文、当地特色）：
金门北山洋玩艺民宿

金门这地方其实是一个我从来没有想要特别前往的神秘岛屿，但因为工作需要，我在2014年首度飞到金门调研。在了解了当地的旅宿环境后，我把金门民宿分为三类：闽南式建筑（极多数）、平房现代式（家庭式经营居多）、洋楼式经营（少数）。而金门北山洋玩艺民宿更是位于民宿数量较为稀少的区域：古宁头北山。擅长营销与摄影的他们通过照片、当地食材料理、当地私房景点，把真正的所在地文化传递给旅客，这种传递不是刻意的、矫情的，而是让人欣然接受、没有排斥地自然融合进入。

D a t a

金门北山洋玩艺民宿
金门县金宁乡古宁头北山171号
08-232-0879
房间数：4间（包栋可住20人）
年度平均住房率：77%

"因为金门是一个闽南聚落文化岛屿,最大的特色就是燕尾马背的红砖屋。在金门这样人文背景特色强烈的地方,不选择闽式红砖屋是笨蛋,但是燕尾马背同质性又太高,所以当时的目标就是红砖古厝。又考虑对象要有差异性,于是闽南式古洋楼就成了我的首选,金门有上万间的燕尾马背古厝,但只有百来间的洋楼,目前仅存能住人的更不超过四分之一,所以北山洋玩艺民宿的差异性就出现了。"金门北山洋玩艺民宿主人Jack阐述着当年选择古洋楼来做民宿的原因。

永续经营除了差异化更需具备好的营销思路

借着先天古洋楼的优势,这里的设计可谓浑然天成,搭上复古风潮,每一方寸都是回忆与想念的留存,仿若时光倒转20年,像这样的老宅在全台湾俯拾皆是,民宿主人运用当地的旅游分享跟行程包装,与市场形成差异从而产生亮点。"我们专注于当地生活体验赋予的旅行感动。举些例子来说,首先如同我刚刚所说的,我们所经营的是'洋楼民宿',金门只有五六家洋楼民宿,从这里开始就产生差异化;第二,金门达人旅游私房体验——全亚洲最大石蚵田的导览尝鲜体验、赏鸟、金门阵头开脸面具、彩绘风狮爷、自然系叶拓创作手作课程等,除了大家会上网分享,也常常吸引媒体愿意自动来报道,而这也是一个强而有力又免费的营销方式。"Jack一一说给我听,而这些也会是我这本书所要讲述的重点:设计与营销经营并重,即使你有得天独厚的条件,也需要与好的营销管理并重,才有办法永续经营。

不只提供住宿，还提供各式各样的合作，金门土豆音乐季就在洋玩艺民宿举办。

Jack的母亲是民宿御厨，每天为客人亲手做早餐，做出专属北山洋玩艺的味道。

Chapter 01　为什么他们订单接不完？设计旅宿案例介绍×4

经营营销心法

在小岛上经营民宿，你会给同样处境的民宿业者什么建议？

（1）咬紧牙关、眼睛闭起来，坚持走下去。

（2）必须有很强的理念跟执行力，不然绝对失败。

（3）民宿不是用来赚大钱的，民宿是一种态度，一种生活，一种交心的活动。如果懂得这些你会赚得更多，交到更多朋友，事业触角伸得更长，产业做得更大、更好、更多，到时候钱自然不是问题。

（4）用心对待每一组客人，绝对可以让你有做不完的回流客群。

（5）绝对不要用成本理论来评估民宿，用心地经营事业是没有成本的。

因为地缘关系，在针对目标市场（大陆）时有没有什么好工具可以分享给大家呢？

我最爱的三个秘密武器：（1）微信Wechat；（2）支付宝Alipay；（3）FB粉丝团。说到前两个，一个是通讯APP+支付平台，一个是大陆的第三方支付平台，很难想象在大陆人们对它们的爱用程度已经超越了银行，很多朋友都说银行只是公司将薪资转入账户的一个媒介，大家早已经不那么爱把钱放入银行，支付宝内的利息反而更高，还可以同步缴交水电费、手机费、信用卡费等，十分方便！

经营粉丝团

很多业者跑来金门找我们聊聊旅宿的经营与发展时，第一句话都会问"你们的粉丝团是外包的吗？"但哪有那么好的事！除了靠自己还能靠谁？粉丝团需要的是即时的信息，当然有很多内容与文案可以预先构思好放入日程自动发布，但最重要的还是必须结合当时的事件来做分享，让粉丝有替我们分享的念头就成功啦！说到我们家的粉丝团，我们擅长用本身的摄影能手，并以当地人的视角看金门，常年使用吸睛这个模式为主轴加上不定时的活动搭配：送住宿优惠券与特产等，让来过的客人增加黏度，没来过的朋友增加欲望。

2016年初洋玩艺粉丝团也做过一档活动，聘请摄影师来金门，拍摄我们的日常生活，并结合当时季节的金门美景与民宿主人来做图像创作，一方面让民宿曝光一下，另一方面就是借图像让大家体会这个季节金门的美好。那次筹备的活动效果很好，也因此吸引了好几组包栋来民宿旅拍的客人，让我们十分满意，也决定未来会持续做这样的主题。

运用OTA

说到OTA（Online Travel Agency，线上订房平台），经常遇到新开的民宿同业见面第一句话就是："你们家都用哪一家OTA呀？大陆的好还是台湾的好？哪一家卖得比较好？"

过去对于OTA的存在感到反感是因为它总是要抽取佣金，还要合约和控房。但我说几个真实案例，让大家知道OTA是真的有存在价值的，并且是我们的好伙伴。

（1）客人在朋友的推荐下想订我家的民宿，因此他要到了我的微信账号，并与我取得联系，我们双方相谈甚欢，他决定要订房的时候问我："在哪一个平台上订房？"亲爱的你已经在跟老板对话了耶！你确定还需要通过OTA？

他的说法让我十分震惊，他说是因为很多朋友要一块过来玩，要避免出状况，觉得在OTA线上预订双方都有保障！他说得没错，这是一个具有公信力的媒介，若交易出现问题，OTA可以为双方做出公平的判定。

（2）但相反的案例来了：有个客人用微信搜寻到民宿的名称之后，找到我表示要订房。

我："请问你是怎么知道我的？"
客人："我在OTA上看到你们的民宿，非常喜欢，想跟您订房。"
我："那亲爱的你怎么不直接在OTA上预订呢？"
他竟然说："我找到老板了！我就直接跟你订！可以给我一些折扣吗？"

是不是很有趣呢？！于是我们给他一点点的小折扣，愉快地完成预订。相信我，OTA绝对是你最大的营销渠道，不要拒绝！可以在其中找到一个默契达到双赢的平衡点。

其实刚开始我们担忧OTA是否能够与旅宿完美搭配，因为当客人通过OTA订房后往往对金门没那么熟悉，一下子要找到位于古宁头的洋玩艺民宿绝对不那么容易，在没有交通工具的前提下，下了飞机之后肯定会慌乱。但现在，旅客通过OTA订房之后找到上面的电话就打来确认了后续的事项，完全不用担心客人能不能找到我们。OTA反而提供了一个平台媒介让更多人知道我们，何乐而不为。

我认为要适当地使用OTA，并经常更新它，放上即时的照片可以吸引更多的人线上下单，虽然要付佣金，但房间空着一样没收入！

服务随时ING的小窍门

我们经常会担心服务不周，客人没办法及时找到我们，或者房子太大，客人找不到小帮手。这时我们通常在客人Check-in后请他加入我们预先开立的一个群组中，台湾客人引导到 line群组，大陆朋友则到Wechat，当天所有客人都统一进群后，民宿主人有任何事情需要通知都会在上面统一发布。当然，民宿的小帮手与民宿主人都必须加进去，才能达到同步的效果。

举例来说，我们会在群组中发布："各位洋玩艺民宿的朋友们，明天早餐用餐时间为7：30a.m.~9：00a.m.，吃的是地道的蚵仔面线，由于面线有赏味期限，请大家务必在这个时间内用餐喔！"接着客人会回馈意见。A组客人："老板，我早上8点吃。"B组客人："我想要9点吃。"C组客人："老板我想睡到自然醒，不要帮我准备，谢谢。"然后我们统一进行汇总，方便又清楚，又留有资料，旅客之间也因此有了交流的机会，也会在旅行中认识新朋友（互相加为好友）。等大家离开民宿后群组的人都统一清空，但依然保留在我们的通信软件以及会员名单中，离开民宿后仍能继续对他们展开吸引战术。而这也会成为资料库，将是日后营销的重点客户，并可以不定期推送民宿相关信息。

当心中浮起开一家微型旅宿的念头时，必须考虑到几个重点：旅宿的形式、规模、可用资金以及如何管理这些面向。在这个章节里，Bob将手把手教你如何从一条毛巾开始，建构独一无二的特色旅店。

Chapter 02

从1条毛巾开始学习

微型旅宿的规划

START
设计｜绝对值｜的微型旅宿

在心中设想一家微型旅宿时，必须考量到几个重点：旅宿的形式、规模、可用资金以及如何管理这些面向。假设现在决定想要以Hostel的模式进行，你觉得当前的区域适合多大的体量，要用轻资产方式还是有足够资金购入对象？届时的管理层面是要亲自下场或是要砸钱雇请佣工，这些都是必须缜密思考的项目。

▌微型旅宿的设计步骤

确定要进入旅宿业后，接着则进入重头戏，如下图所描绘：

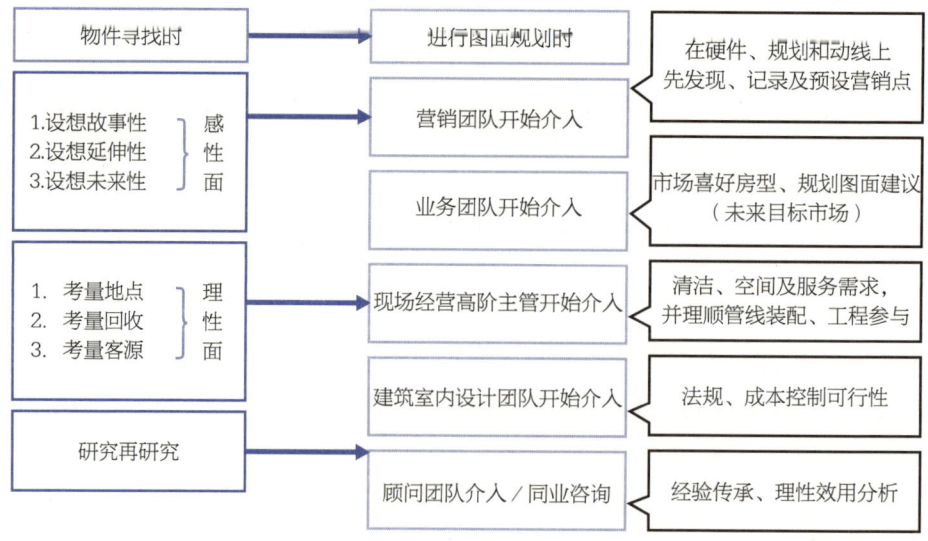

1.寻找对象

划定商圈/区域后（例如：垦丁区域），开始寻觅合适对象（通过同业、中介、代书、网络信息、乡野调查等手段），在找寻对象的同时应把感性和理性的层面一并放入思考。例如在白沙湾区段，这里有自行车车道从大门经过，旁边几乎没有建筑物，晚上的周遭环境没有光害，步行到白沙湾约莫200米，再观察一下周边能否有潜水环境，简单列出营销卖点，星光、无扰、海滩、潜水、自行车等，设想其可行性并进行竞争对手考察和成本考量，拜访当地里长、派出所、海巡、邻居等，了解现况与历史。

2.测算成本及回收年限

接着针对地点选出优势最大的对象，开始根据地坪与规模测算所需成本及回收年限：回收年限必须要有预测的住房率和平均房价，可以通过MSE[①]搜集附近旅宿来抓符合对象的价格，这个价格通常是低估的，因为未来再加上营销价值，往往能缩短回收年限；同时，让营销和业务团队按照图纸的房间规划和未来的房价趋势做一个整体性评估，未来的主要经营者也一同进行试算和讨论，针对动线和目标市场来修改图纸，让室内设计团队和业主在成本的监控机制下来调整规划，最后再透过更细项测算报告和完工后的状况来调整价格定位。

3.营销团队同时进驻

与此同时建立粉丝团测测水温，挖掘未来的房客或发现潜在的目标客群，若预算足够，编排一些预算导入营销顾问、管理顾问，以加强开幕前的准备工作和方向定位。在国外通过营销顾问或管理顾问做短期服务监督是常有的状况，这样

---

① MSE：元搜索引擎（Meta-Search Engine）是一种调用其他独立搜索引擎的引擎。"元（meta）"为"总的""超越"之意，元搜索引擎就是对多个独立搜索引擎的整合、调用、控制和优化利用。我们以 TripAdvisor 来解释一下它的运作逻辑，旅宿们把房间和价格上传到各OTA 后台，后台资料抛到前端供搜寻引擎捞数据，消费者透过搜寻引擎来提交并且得到结果。这里是指有比价功能的旅宿房价搜寻网站：TripAdvisor、HotelsCombined、Kayak、Trivago、Room77 和去哪儿等。

的风气目前在台湾还不算兴盛。开幕前的短期顾问服务，一次性费用我觉得很有可能是你的"救命仙丹"，在出错前先纠正你的步伐是值得的。

不管你是-1还是-99，只要套上｜绝对值｜，旅宿分数一秒变正

使出洪荒之力不见得能创造出成功的旅宿，还必须"刚柔并计"！我一直强力奉劝各位旅宿业主，若想要经营一个有潜力的微型旅宿必须着重在"刚""柔"并"计"三个重点——硬件、软件与数据。但这里的重要程度该怎么分配呢？若是一个全新对象，哪一点该优先考量？

在辅助旅宿业者时，我常建议营销设计要走在前头，而不是先有硬件才想软件与数据，先想想在这个地点、这个对象要用什么样的营销方式去吸引客人，并以长远经营为先。而营销设计也正是软件+数据的产物，这三大重点不是单独发展，而应该是相互交叉应用：硬设计包含所谓的建筑与室内设计，如何有效地发挥空间及善用工具节省成本等；软设计包含所谓的服务流程和内部程序标准化等；数据设计则包含了线上订房操作、顾客关系统计、控房软件应用、渠道控管工具、收益管理工具等。

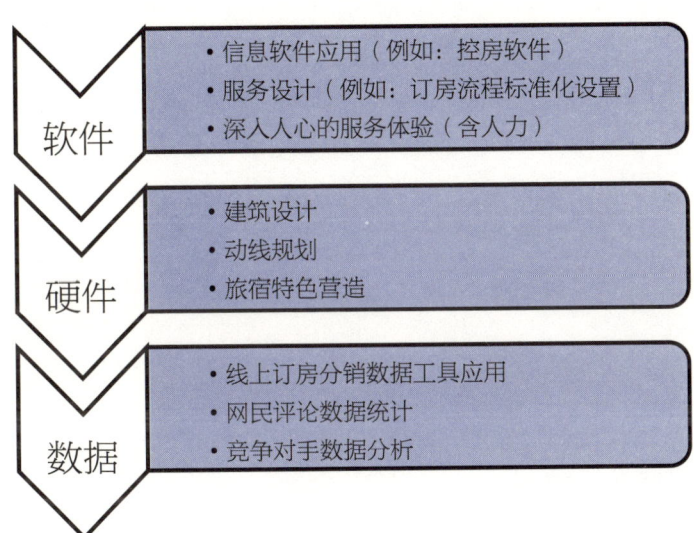

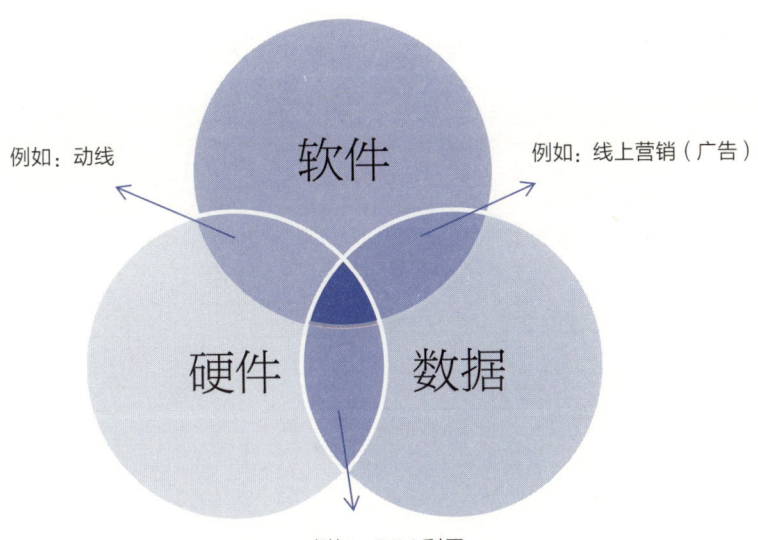

旅宿三大重点不是分开进行，而是相辅相成。

2-1
微型旅宿的硬设计

√ **软件备品挑选唯一要项：共感**

√ **安全性产品不能省**

√ **节能且功能多的设备最适合微型旅宿**

　　未来的老板们！通过你独到的眼光以及趋势分析后，是否已经开始规划整个动线、空间以及带有自己个人特色的各式元素进去了呢？在本章，我们从客户的角度出发，先来关注硬件的购置。

2013年酒店消费者差评率要素解析	
酒店内部噪声	空调噪声、排气扇噪声、装修噪声、走廊噪声
异味	洗手间、房间、餐厅、床品、走廊
电梯	没有电梯、太难等、嗡嗡响、坏了、晚上不提供电梯
排水	淋浴排水不顺畅、厕所排水不好、洗脸盆排水不畅、冲凉水出不去
洁具	品质很差、不换洁具、质感差、偏旧
电视机	太旧、老式、太小、频道少、信号不好、不是液晶的、离床太远、位置太偏
走廊	走廊响声听得很清楚、员工一早就吵、昏暗、又长又黑、像迷宫、有异味
电器	坏掉、灯开关复杂、充电插座少、没有匹配的充电器可借
空调	噪声非常大、暖气功率差、不够冷、12点之后停、没有暖气、旧了、坏了
洗漱用品	没有洗漱用品、额外收费、很一般、不像五星级、没有刮胡刀

好的毛巾让客人幸福，负评只是一瞬间

现在社会网络发达，所有的信息都可以从网络上取得，饭店的宣传更加便捷但也暗藏危机，只要几个负评就能让你的努力付之一炬。上页表格是负评率的解析，从客人注意的小细节出发才是微型旅宿成功的根本。

首先，我们从房间内的所有织品（被单、床罩、毛巾等）讲起：

"大毛巾、小毛巾要买几两的啊？"

"床单要买几支纱的呢？"

常常有旅宿业者这样问我，其实就织品的部分，我只建议一个原则："己所不欲，勿施于人。"强烈建议业者在下订单前亲自试用每类样品，且经过清洗流程，确认品质状况。一般家用毛巾大约12两，高端饭店则会用20两，这也就是为何我们入住高端饭店时，脸颊碰到毛巾会有幸福的感觉了！但这里并不建议微旅宿的我们比照应用：我们必须考虑到房务工作时搬运的体力，清洁烘干的难度以及被顺手带走的不固定成本等。颜色则建议还是以白色为主，染色的织品吸水性不佳，况且白色的视觉观感对消费者来说比较安心，而在业者角度，若有破洞或清洁不周的地方也容易察觉。

接着重点来了，织品的安全库存应该是多少呢？这里我绝对不会从学术的角度告诉你算式如下：

$$SS = Z \times \sqrt{STD \times STD \times L + STD_2 \times STD_2 \times D \times D}$$

Z——一定顾客服务水平下的安全系数

STD——在提前期内，需求的标准差

STD_2——提前期的标准差

D——提前期内的平均日需求量

L——平均提前期水平

眼花缭乱了吧！上面的公式就 Let it go！安全库存量的多寡其实也受以下

几个因素影响，从中我们就能找到其中的计算法则。

1.住房率=（已出租客房数/可出租客房总数）×100%

住房率越高，织品折旧率越高，与突发状况的概率成正比。

2.地点

若旅宿位置周遭景点靠近海边或温泉，常会有客人携带毛巾、浴巾外出，我们的织品安全库存量也得拉高，除了大毛巾、小毛巾，地垫和床单也都必须戒备才是！

3.客人属性

这代表你需要确认旅宿的目标客群（TA），是亲子游、商务客人、背包客或是特定国籍的客人，等等。这些也会因为属性不同而需求不同：亲子游客使用床用织品高，而商务客与背包客较低。

总的来说，必须采用同色系（避免使用特制款），让其可互相顶替。一个房间的各类型织品算一套，建议每一个房间至少准备三套（含使用中），洗烘衣设备也必须有备用机台，即便没有备用机台，也要有配合的送洗厂商能救急。存放备用品的空间要干燥，最好能有塑胶套/真空包保护，避免小虫子及污渍的可能性，而不同尺寸的床单、被单或毛巾，建议在标签处缝上不同颜色作注记，方便房务配送。

织品 check list

- 尽量选用白色系，并避免使用特制款。
- 计算安全库存考虑：住房率、地点、客人属性。
- 每房准备三套。
- 洗烘衣需有备用机台或是固定的配合厂商。
- 洗净后使用塑胶套或真空包保护。
- 不同尺寸的床单、被单或毛巾做标签注记。

睡眠不在于高级床具，而在于睡得好、睡得香

在挑选完织品后，接着当然就是床具的选择，而这也是决定一间旅宿好坏的关键，毕竟我们住进旅宿最重要的事就是睡觉！床具的选择以及配置绝对不容小觑。

床的大小取决于空间和销售方向，我会建议旅宿不要只设单一房型，若空间上允许，可弹性组合各种房型。一般房型通常分为：双人房（DOUBLE for 1 or 2 pax）、双床房（TWIN for 2 pax）、四人房（QUAD for 4 pax）、单人床位宿舍房（1 SINGLE BED in __beds mixed dorm）。

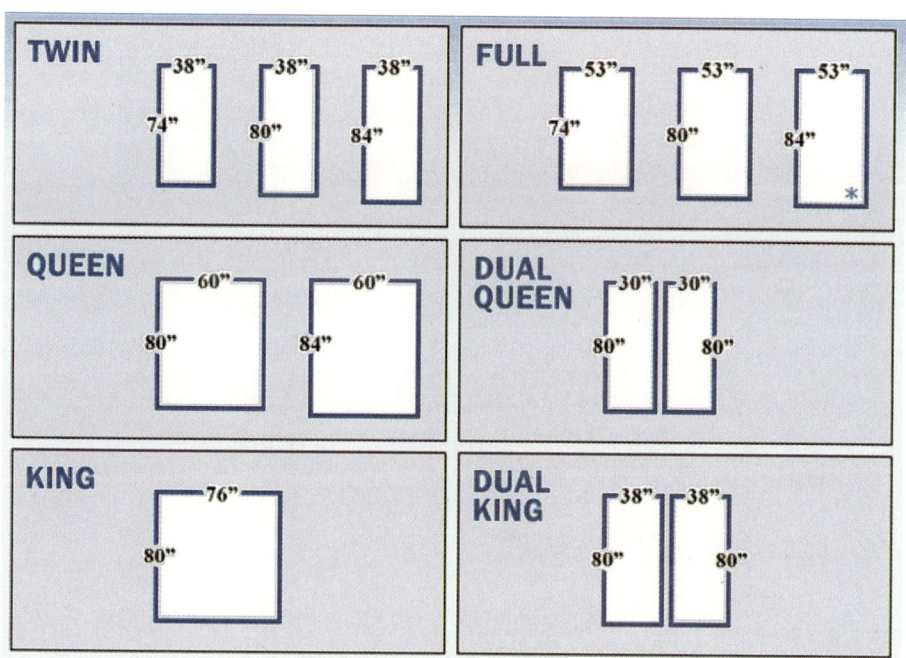

注：1 英尺等于 12 英寸，1 英寸等于 2.54 厘米。

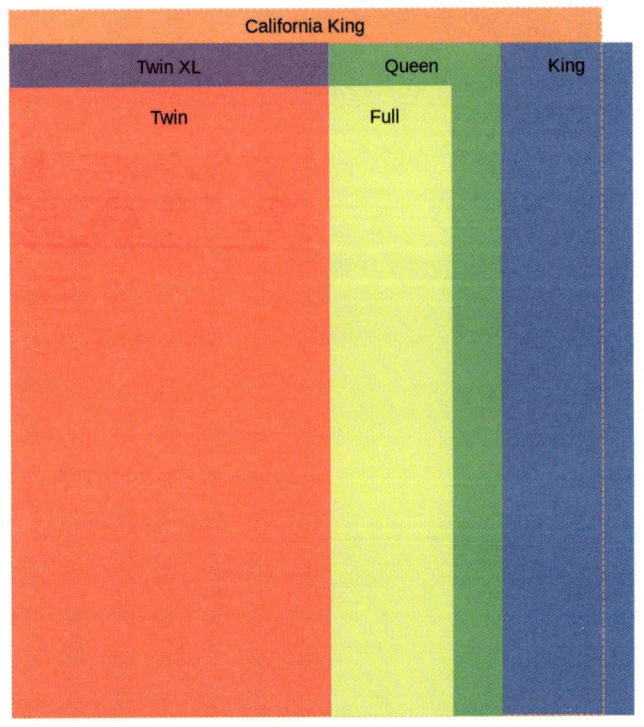

　　而在房型及尺寸搞定后，床垫（Mattress）的选择也值得注意，因为床垫长期商业使用，容易缺乏弹性，建议使用耐久、品质较佳的床垫，一张好的床垫配合保洁垫的运用，使用10年是没问题的。而床的软硬度每个人的喜好程度不同，不容易拿捏，我们可以了解一般的八种床垫分类：支撑强硬型、强硬但服帖型、柔软且服帖型、顶级尊荣型、浅眠者适用型、银发族适用型、发育中青少年适用型、过敏体质者适用型等。不同类型的床垫在选用上见仁见智，可从经营者的角度衡量，并请人试躺，找到最适合自己旅宿的床垫。

　　根据我以往的经验，其实床垫的选择，不见得一定得选择欧美品牌，也不一定非得选用独立筒弹簧床垫，只要购入前模拟使用的状态，铺上保洁垫、盖上床包，翻身各角度试躺个10分钟，相信很快就可以决定出合适的床垫。至于加床用的床垫，为了缩减空间耗费，建议使用折叠床或是三折式舒眠垫，若房间里有空间摆设沙发，也可以用沙发床替代。

利用家具感受外宿的温馨

以床为核心，延伸到家具的采购方向，则跟所有的硬件核心相同，讲求耐用！不过在预算可接受的范围下，建议老板们可以考虑多功能的家具或善用小巧思的小道具，在细微之处能彻底展现出旅宿主人用心的程度。

另外，虽说家具是冰冷的物体，但若能让使用的客人感受到温度，也能为整个住宿体验加分，手作的家具常是好选择！

卫生第一！安全第一！省钱第一！

电子设备不仅是现代必需，也是旅客十分重视的环节。接着，我们来聊聊电子设备（含周边）：电视、吹风机、电热水壶、灯具、冰箱、插座配置数量等。

电视

"我看隔壁民宿的电视有42英寸耶！我的才32英寸！ 我是不是也得跟进才有竞争力？"我曾经被旅宿业者这样问道。

但从微型旅宿的角度来看，我们提供的设备不见得必须样样追求顶级、高端，如果你的旅宿定位如此，当然另当别论。一般而言，电视的选购，建议依据住宿空间去评估，32英寸液晶对于一般五六坪①的房间已经相当够用，并可选配悬臂式吊挂，方便客人移动操作多角度观看，此外也建议装设多媒体内容传输平台（MOD：Multimedia on Demand），它的好处在于有高分辨率的画面，又提供多种语言自由切换，可以满足各种客人的需求！

---

① 坪，土地或房屋面积单位，1坪约合3.3平方米（用于台湾地区）。

吹风机

我会建议购置壁挂式吹风机,曾经有旅宿业者学习巴厘岛VILLA[①]那套,把折叠式吹风机装入一个精致的棉布束口袋,并且把这束口袋安置在水槽右边第二个抽屉里面。是的,柜台多了一个工作,总是被问道:"你们没有吹风机吗?"

壁挂式除了显眼,也可降低客人取放摔伤的耗损率,房务部人员在整理时也能够节省不少时间,还可以降低不小心被带回家的风险。但若是老板们不想破坏墙面的话,则需注意放进束口袋的这支吹风机的品质。市面上许多经济型的吹风机容易过热断电,这也会造成不便。另外,若能附带烘罩,这样的贴心配置也能够打动客人的心喔!

电热水壶、快煮壶

至于电热水壶、快煮壶,以安全耐用好清洗为准则,建议使用1升容量的双层快煮壶(不锈钢内胆)。因为旅宿业中电热水壶带来的问题还真不少,除了底座掉落造成客人烫伤的憾事,不洁的因素是最为人诟病的,所以每回房务清洁,必须着重于此项目。卫生第一!

热水器

热水器的选择,若空间上许可,建议使用储水式电热水器,容量依房间数量来评估。瓦斯烧水的安全性是比电能还要低一些,一些旧社区可能也没有天然瓦斯管道,必须使用桶装瓦斯,不便性增加,没有特殊需求的话,电热水器应是最好的选择。另外,为了避免漏电问题,可以请厂商安装漏电断路器,太阳能热水器优点多,但是必须安装在顶楼,不见得适宜所有对象。

---

① 巴厘岛 VILLA,即家庭式的度假住宿,大多位于田野或郊区,是巴厘岛独特的住宿方式。

灯具、插座

接下来是灯具及插座，灯具强烈建议全系列使用LED，虽然购入成本高一些，但长久来看，电力节省的部分，还是会让老板笑开怀的。另外，插座的部分，除了要有三孔插座外，尽量能够提供USB供电系统，在仓库另要备妥数个多接头转换插头以备不时之需。

WI-FI

再来是WI-FI设备，尤其是在垂直楼层或是墙面结构厚实的旅宿中，这是他们的痛点！除了本身分享器的天线必须有IEEE 802.11ac无线技术、高DPI和高传输速率之外，针对收讯死角，建议购买WI-FI强波器，免拉线、好安装，只是要注意避免被顺手牵羊。

冰箱

电子设备的最后，冰箱是我每每受邀参观房间时，绝对会注意的关键。为什么？因为冰箱压缩机运转声音对于浅眠的客人来说无疑是导致失眠的那"压倒骆驼的最后一根稻草"。我会建议购置无压缩机的冰箱设备，容量可按照空间大小或是客人属性来调整。现在这些产品日新月异，在一般B2C的网络通路都已经唾手可得，价格亦是非常亲民。

商务空间：给我网络吧！

现代人没有网络就像是少了胳膊少了腿。旅宿里的商务空间指的就是一个让旅客可以恣意使用的空间，提供电脑等设备。通常一些小旅社没有服务中心的柜台，但往往能提供一个这样的空间，让客人直接上网解决问题。大部分的业者都会放置台式电脑，而一些带有科技感的旅宿会放置苹果电脑，但其实 iMac 系统不见得人人会用，所以我建议 Windows 系统的电脑也要能够摆放一台。

专栏 1

微型旅宿的建筑与室内设计

▍风格+坪效+光线+氛围+话题+成本考量

　　硬设计泛指建筑设计与室内设计，如何有效地利用空间、故事及善用工具节省成本，是在和设计师们筹备时要放进去的首要概念。当然，设计是一种很主观的东西，到底能不能够获得每一位旅客的青睐这件事很难说，但是至少要力求让空间在舒服的状态下被有效利用。除了公共区域，每个标准房间在微旅宿的平均面积是3~10坪，在这样的空间里我们要怎么去安排出理想的格局？在这个专栏，我们将与设计师谈谈如何打造有别于隔壁人家的设计旅宿。

日本 Piece Hostel 京都馆的外观与空中休憩区（Sora Terrace）。

Q&A

设计达人！

普罗室内设计执行长
卢建兴

擅长空间设计规划，将老物件活化

一位脑袋里时刻充满创新创意点子的室内设计师与旅宿经营者，善于空间规划让小坪数的空间能有效利用并创造最大的坪效，是一位空间魔术师！

专长： 室内设计、旅宿营运管理、旅宿展点分析、专案企划整合

经历： 八里泡泡窝　　设计师
　　　　普罗室内设计　室内设计师
　　　　宋毅设计　　　室内设计师
　　　　坪好设计　　　室内设计师
　　　　东南科大　　　讲师
　　　　经国科大　　　讲师
　　　　正修科大　　　讲师

Q 1. 设计旅宿空间和设计自己的家有什么不同？

在设计居家空间的时候仅需符合单一客户的需求做设计；然而在规划旅宿空间的时候，往往需要考量更多的面向来满足大多数旅客外出留宿时的需求。因为旅宿空间需要将所有客人会使用到的东西集中在同一个空间内，除了床以外还需要书桌、衣橱、冰箱、Mini bar 等设施设备，类似目前市场上许多建筑方案推出的小坪数套房设计概念。

此外，旅宿空间设计考量更多的是安全系统，在备品、设备、家具及家饰的挑选上需具备安全性，动线规划与设计风格则要满足大众的需求。也因为旅宿空间的设计顾及的面向更周全，近年来越来越多的人喜欢将旅宿设计概念融入居家空间，并结合个性化的设计，这成为近年来小坪数空间设计概念的趋势。

Q&A

Q 2. 旅宿的公共空间是吸睛焦点，如何才能与众不同？

公共空间，最重要的莫过于商务分享空间、交流分享空间和料理分享空间了！

商务分享空间之所以不可取代，主要是因为工作不会因为客人在旅途中而减少，现在也有越来越多的人边旅行边工作，因此在公共空间的设计上，也会着重在网络设备以及电脑与相关周边设备等。

大部分旅宿的大厅设计，虽然富丽堂皇，却也常常让人有种冷冰冰的距离感。但因为旅行的意义就是在于不同文化与经验的交流，建立一个可以让人与人之间交流分享的平台，为旅行增添不同的色彩、创造更多的回忆。因此在普罗室内设计的窝系列旅宿的交流空间里，总是可以见到一张很大的原木长桌，旅客们沿着长桌而坐，聊着今天发生了哪些好玩的事情，明天又将计划去哪里，就像在

旅行的意义在于不同文化与经验的交流，舒适的交流空间能让旅客们在此放松，并分享彼此的旅途种种。

家里客厅一样舒服自在。

料理分享空间则是依据人们生活基本需求做的设计，借饮食文化的分享拉近人与人之间的情感和距离。开放式厨房的设计让客人在使用上多了一些弹性，没有使用时间限制让客人们可以更自在地享受料理的过程。

Q3. 套房的空间通常有限，如何让空间被有效利用？

有效利用空间往往是在小坪数空间设计中最重要的议题，在套房的设计上我们可以将套房分为两个区块，分别是睡眠区和浴厕区。在睡眠区的规划上，可以将床的摆放位置推至角落靠墙，如此一来便有更多的空间可以摆放书桌、衣柜及Mini Bar等。而大部分的浴厕主要为三件式设计，即将浴缸、马桶与洗手台都设置在浴厕空间内，但这样的设计往往也造成当一位客人在使用浴厕时，另一位客人便无法同时进行刷牙洗脸等梳妆动作。因此，将浴厕空间改为两件式设计，保留浴缸和马桶，并将洗手台拉到外面与梳妆台或Mini bar共用，除了可以减少浴厕1/2的空间，也能让房内客人得以同步作业，节省时间。

两件式浴厕设计除了可以减少浴厕1/2的空间，也能让房内客人得以同步作业，节省时间。

Q&A

Q4. 注意！旅宿业者在空间设计时的通病

有些业者在旅宿空间的设计上往往会参考大型饭店设计，却忘了考虑旅宿本身的定位以及客人的需求，最后可能导致建置成本过高、设施设备使用率不高以及空间无法有效利用等问题。举例来说，许多业者在套房内因为商务旅客的需求，将房内1/3的空间规划为办公区，但若能将书桌设计为床头柜的延伸，就可以释放出更多空间作为Mini Bar甚至是简易料理台的使用，从而兼顾到非商务旅客的住宿需求。

Q&A

BIM 达人！

擅长 BIM 数字化整合设计

成功大学建筑硕士、逢甲大学建筑学士、东方工专美术工艺副学士，现为傅域设计主持设计师及台南应用科技大学兼任讲师，是业界少见的从建筑、室内设计到机电整合全面贯彻 BIM 设计的设计师。

傅域设计主持人
傅淑贞

Q1. BIM 的实际应用和传统画图面的不同点在哪里？

传统画图是2D与3D分开画图，很多都只用2D也就是平面图、立面图、剖面图等来表示，图说定案后，再建置3D分二次工。而传统画图3D只是拿来给业主参考的，因为一般民众在阅读图说上有困难。然而在真实的施工上，2D图说常有对不上的问题，如：排风口和建筑图开口对不上、开在不同位置等，为了解决这些接口冲突问题，需要花更多钱或更多工程时间，而有些严重的冲突问题甚至会影响到整体结构。

BIM在画图时以3D呈现，将所有建筑信息包含在内，当业主想在空间内增加一个门，只要一个地方加入，所有图说，包括平面图、立面图、剖面图、3D、数量、透视，都会一起改变，从而能精准呈现设计的各种面向，减少图说因人为修改产生的错误。BIM还能在工程前，在设计端就把接口冲突问题解决，比如先留下要穿管的位置，或在设计端就先避开。施工上因为能用3D、VR（虚

Q&A

拟实境）的方式呈现，看不懂图的师傅，也能看着3D或VR施工，非常便利。

安平俩俩实例解析

举个施工上的例子。我们有个室内设计案子叫安平俩俩，是家亲子民宿。在管道设计上，想要使水管的弯转、距离差贴合不同的家具（展示架、座椅、小边桌、树灯、书柜、桌子、洒水、传话筒），最后将水管延伸到户外变成洒水设施。因为很难读图，如果把一般的2D平面、立面、剖面给师傅，师傅大概会翻脸走人。但是我们用3D加VR及360环景，师傅很快可以在现场看，知道这个管要弯去哪、怎么走；而且还有每个管子的长度与弯头数量，师傅很快可以算出他要花多少材料、工资如何计算，因而可以顺利完成。这就是一个如果不用BIM，就很难顺利完成的例子。

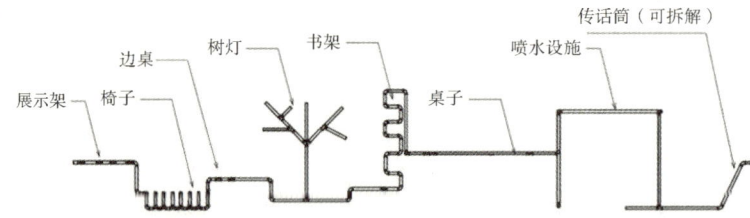

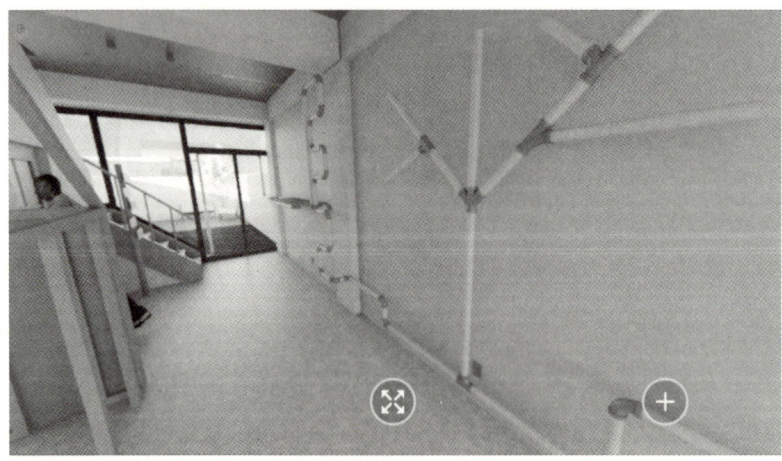

弯弯管家具设计解说图。

Q 2. BIM 和传统画图面的设计流程有什么不同,能考量更多设计面向吗?

一般设计的流程是拿出平面图,比如说有几个隔间、门窗、位置大小要改,就标注要改的地方,下次来再看图。用BIM的话现场就能改正这些部分,立即看透视图、知道空间大小,业主也能现场就讨论决定。此外,用BIM业主也能用3D或VR看图,直接进入设计中,从而能快速修改,减少沟通时间、施工时间,自然能为案子省下更多的成本和时间,因为建筑设计不能只考虑设计,还要考虑和业主沟通顺畅。

BIM 与传统图面比较

	图面	解决冲突	产出数量	物理环境评估	沟通顺畅 (业主及营造)	修改图说速度
传统图面	2D 3D 另外画	不可	不可	不可	不可	慢
BIM	3D+2D 整合	可	可	可	较快	快

体验实境 VR

VEBOE 商务中心 VR　　安平俩俩亲子民宿(给水电师傅看的 VR)

Q&A

Q3. 若只是一家 10 间房的微型旅宿，也能够 BIM 一下吗？

BIM 的费用在于人事成本，所以费用的多寡其实依个案需求而定。BIM 的工作有点像写创业计划书，把所有要花费的东西都画上了，可能的风险都排除后才去进行，是更全面的计划。只要有心，微型旅宿也能用 BIM，举例来说：如果 BIM 要多 10 万元①，但排除风险后却能让案子少 30 万元工程款又缩短工程时间，当然很值得投入。

Q4. 绿建筑或是物联网的应用在 BIM 上是否有加成的作用？

当然是 YES，物联网的应用上，比如在 MEP（设备系统）上能事先告诉你哪盏灯的寿命要到了，该更换。当然也能用在智慧绿建筑，用 API（程式控制）感应控制门窗的开关等。其实 BIM 对任何建筑来说，是可以知道能源效率的，也因此可以改善能源的布局。但依照目前业界来说，还很少有人会重视这一块。绿建筑的应用，如我们用在物理环境前端设计的光、音、热、风的模拟，能在前端设计先确定几点时光会进来，风怎么走。比如我们橘月民宿的案子的立面：为了确保一定会有的光影效果，做日光模拟（如下图），让我们在设计时就能确定客人在 8:15 用早餐时，光影会开始变化。

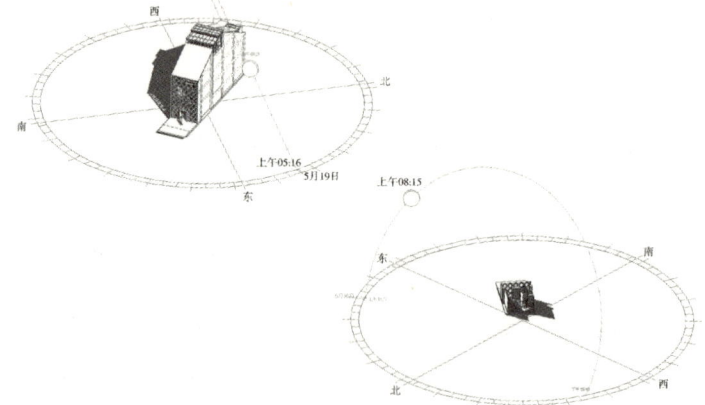

---

① 本书中的价格单位"元"均指新台币，1 新台币 ≈ 0.2241 人民币。

2-2
微型旅宿的软设计

√ **服务要有同理心**

√ **人才培育是最大**

√ **培养回头客**

　　软设计即泛指服务流程、标准化内部程序、顾客体验营造甚或是人才培育等。我们先从顾客体验这回事说起，它可以是营销体验，也可以是服务体验，光体验这两个字，让人感觉有些空洞和笼统，我记得当时教授是这么解释的："你去超市买了一杯500mL的咖啡可能是70元，但你去咖啡馆买了一杯354mL的咖啡却是105元，中间的价差就是'体验'。"

　　细算一下给看官们瞧：咖啡馆的咖啡1mL值0.29元；超市的咖啡1mL值0.14元，一前一后换算下来，咖啡馆的咖啡贵了一倍多！原来"体验"这么值钱呀！

除了位置外，旅客重视评论 > 价格

　　有个有趣的数据分享，在2002—2012年，全球前五百大公司大约有70%已经被市场淘汰。市场竞争愈来愈激烈，旅宿环境也是，顾客的体验将会慢慢地取代旅宿本身价值和价格，成为品牌区隔的关键因素。从下表的黄金交叉来看，顾

客考虑旅宿的第二大重点是评论，接着才是价格。

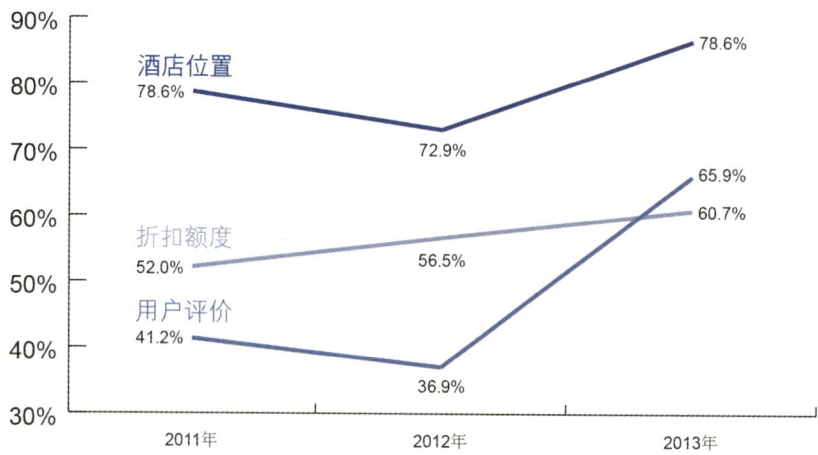

2011—2013年消费者在线预订酒店主要考虑的三大因素的比例变化
数据来源：中国互联网络信息中心 CNNIC。

8 大顾客体验指针数据

现在我们来拿出Service Design Network（服务设计网）的一些数据来看看8大顾客体验指针数据，从这里来找出待客的服务之道吧！

1. 如果客人必须要花很多时间和精力在你的平台消费，那他们就先去别家啦！（人总是懒的！）

CEB research shows that 94% of customers who have a low-effort service experience will buy from that same company again.

2. 如果你有做到企业社会责任，一半以上的消费者愿意以更高的金额去消费。（人们会因为你捐了1%给公益团体而选择你！）

More than half (55%) of global respondents in Nielsen's corporate social responsibility survey say they are willing to pay extra for products and services from companies that are committed to positive social and environmental impact—an increase from 50 percent in 2012 and 45 percent in 2011. Regionally, respondents in Asia-Pacific (64%), Latin America (63%) and Middle East/Africa (63%) exceed the global average and have increased 9, 13 and 10 percentage points, respectively, since 2011.

3. 62%的企业组织把客服中心所积累的顾客经验数据当成差异化的竞争优势。

62% of organizations view customer experience provided through contact centers as a competitive differentiator.

4. 第3点中的企业组织有92%会提供多种顾客联系渠道。

92% of organizations that view customer experience as a differentiator offer multiple contact channels.

5. 54%的客人会将其不好的经验分享给5人以上；相反地，33%的客人会把好的经验分享给5人以上（这就是坏事传千里啊！）。

54% shared bad experiences with more than five people and 33% shared good experiences with more than five people.

6. 90%的消费者表示若读到产品的正面评价会影响购买决策；而86%的人表示产品负面评价会影响他们的购买决策。

The vast majority of participants who have seen reviews claimed that information did impact their buying decisions. This was true of both positive reviews (90%) as well as negative reviews (86%).

7. 吸引新顾客的成本是维系老顾客成本的6~7倍（回头客才是重点啊！）。

The cost of earning new client is about 6~7 times to return guest.

8. 80%的企业认为它们提供给顾客极佳的顾客体验，但事实上却只有8%的客户同意这数据。

We found that 80% believed they delivered a "superior experience" to their customers. But when we then asked customers about their own perceptions, we heard a very different story. They said that only 8% of companies were really delivering.

> 从这 8 点我们可以知道！
> - 平台操作越简单越好。
> - 评价改变购物决策。
> - 掌握回头客。
> - 不要自人。

服务基本须知

　　另一个软设计的重点是服务流程设计。服务的对象有两方，一方是外部顾客，另一方是内部顾客。对外部客人一般的服务流程，包括接受订房的程序、办理入住的程序、遗失物处理程序等，还包括最基本的服务人员仪容、态度、举止等。旅宿比拼的不是华丽的外表而是用心的服务，以下就服务人员的仪容、态度、举止等做简单的说明。

- ✓ **微笑**：微笑不只是一种仪表，更是一种职业需要，而且是员工对客服务心理的外在体现，同时也是客人对饭店服务形象最直观的第一印象。笑意写在脸上，客人挂在心上，是一种服务质量。
- ✓ **仪容**：整体自然大方得体，符合工作需要及安全规则，精神饱满，充满活力，整齐整洁。
- ✓ **应答**：和客人交谈，首先必须按规范站立，不可倚靠各种物体，双目注视对方，集中精神停止其他工作；其次要仔细耐心地倾听客人的谈话内容，必要时做好记录，以示尊重客人，没听清楚时，应说："对不起，请您再说一遍。"回答力求简短，语气温和，音量适中，回答对方问话，一定要实事求是，知道多少说多少，当不清楚准确的答案或超越自己权限时，应道歉并及时向同事打听清楚或者请示上级及有关部门，再答复客人。
- ✓ **迎送**：当宾客到达时，应热情、主动地迎接，面带微笑，并致以恰当的问候语；当宾客离开时，则应面带微笑，目送客人，并致以恰当的道别语。

以同理心就能展现完美服务

服务这门课真的是学无止境，记得求学时学过的服务营销、餐旅服务、餐饮服务等，这些学术上的服务技能远比不上实际的亲身经验。

记得第一次在饭店门口当泊车小弟时，第一招要学会的就是开车门，就在当下才理解到，虽然只是几个小动作，但这些就是整个住宿体验的开端啊！不懂？这里来展示一个场景给你看看：

车道来了一台黑色的进口车，车号是1234××，通过经验法则知道这台是陈教授的车，车导引至旅馆门口，司机停妥车辆。我左手握上门把，微微开启车门，右手贴上车门上缘（为了防止客人下车时撞到门缘），保持微笑直视客人双眼并爽朗地喊出："陈教授午安，今天和客人也是约在中餐厅吗？刚刚我看了餐厅的订位表，有特别请领班把位置安排在安静的角落，方便你们谈公事喔。"

没错，如你所想，陈教授高兴极了，最重要的是让他在客人面前显得特别有面子。门童虽然不是一个拥有强大产能的职位，但他却拥有着极为重要的前线战略位置，也是在那时我才理解，好的服务其实不难，就是需要同理心。

美国丽思卡尔顿酒店（Ritz-Carlton Hotel）的服务格言是："我们是一群为女士与绅士提供服务的女士与绅士（We are Ladies and Gentlemen serving Ladies and Gentlemen.）。"这句话出现在数十年前的旅宿产业，但使用在21世纪的现代一点都不违和。把它翻译成现在的语言应该会是："我们用同理心对待客人，彼此互相尊重，但我们不姑息奥客①。"

资料来源：https://goo.gl/d8iGno

---

① 奥客，闽南话，从字面上直接翻译就是指"烂客人"。

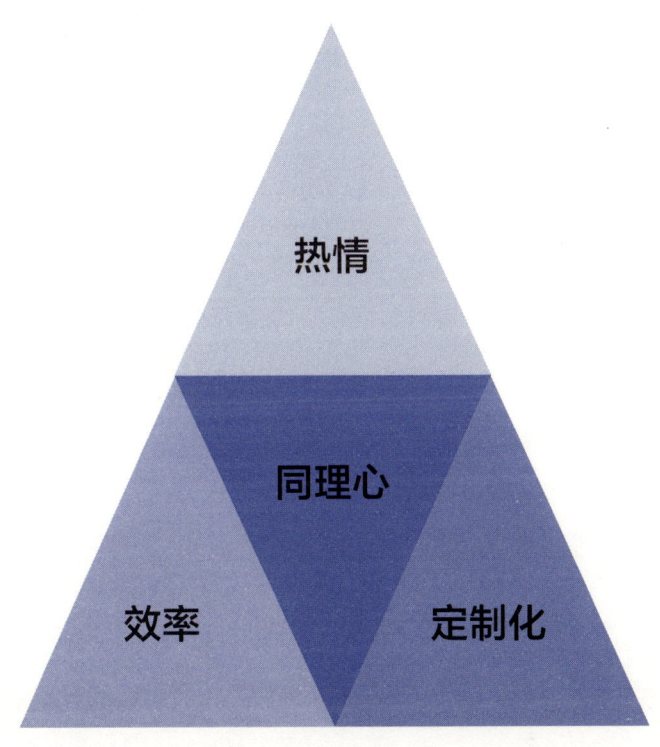

这里我归纳了几个服务的重点要素：

- **同理心**
- **热情**
- **效率**
- **定制化**

同理心的基本就是"己所不欲，勿施于人"以及"怎么样做，你会开心"。

其实很容易理解的，把客人当作是自己的家人来对待，用最真诚的态度去面对，而不矫情做作，把服务的心回归到最初。

热情，或是说保持热情，这的确得花费心力去维持，一旦对于服务的热情消失了，客人其实也能够马上感受得到。皮笑肉不笑或是讲话有气无力，回答问题问一答一，这些小细节其实都能让客人马上感受到服务人员没有具备热情。尤其是针对微型旅宿的我们，很容易不时地与客人接触、沟通，这时候定制化即是我们的一大优势。

举例来说：

客人："请问我想买凤梨酥送朋友，你们有什么建议？"

服务人员："在台北购买凤梨酥我们推荐三个品牌，分别是A、B、C品牌，他们的位置分别在×、×、×，我们推荐可以买A品牌，它也可以在机场购得。这样可以省却大包小包的困扰，但若您想要先买，我们也有国际配送的推荐服务。扫一下这个二维码，里面就有信息。另外，除了凤梨酥，我们推荐可以试试这边的特产'肚脐饼'，它外皮香酥可口，甜而不腻，外形类似葡式蛋挞，内馅是绿豆泥或是番薯泥，很值得一试。"

你看看，这样贴心的服务是不是正中客人的心意！回答客人的问题是60分，正确地回答客人的问题是80分，正确回答又能揣摩客人的需求则是100分！

▍在线服务设计秘笈"4L1H"

这里我想要特别提一个在线的服务设计秘笈"4L1H"流程。1H是传统餐旅服务的精神：用心；而4L则分为四个阶段：Welcome letter（欢迎邮件）、Reminder letter（提醒邮件）、Thank you letter（感谢邮件）、Recall letter（回头邮件）。

4L：Welcome letter（欢迎邮件）、Reminder letter（提醒邮件）、Thank you letter（感谢邮件）、Recall letter（回头邮件）。

这个场景利用发生在客人在线或线下订房后的服务模块中，假设客人通过官网订房之后，顺利在线付款并且完成了订房确认单后，我们该做些什么？

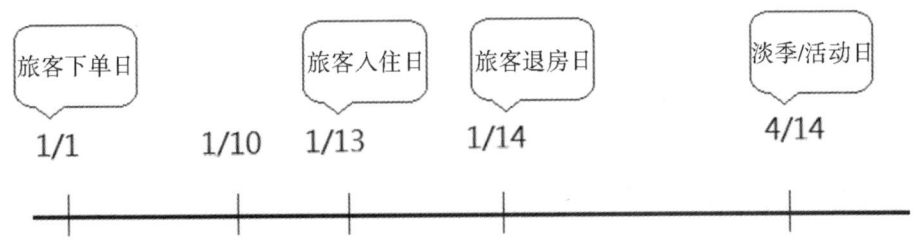

以上图的日程来做范例：

1/1 13:00柜台小帮手收到了官网确认订单，要在1/1 23:59前寄出Welcome letter（欢迎邮件）；

1/10也就是旅客入住日的前三天，寄出Reminder letter（提醒邮件）；

1/14退房日必须要在当天前也就是 1/14 23:59前寄出 Thank you letter（感谢邮件）；

至少在退房（1/14）一季内或特殊活动期间/旅客生日等时机寄出Recall letter（回头邮件）。

操作SOP（标准作业程序）

✓ Welcome letter （欢迎邮件）

在收到客人通过平台发送的订房确认单后，在当天晚班/夜班交接之际统一发出欢迎邮件（有些OTA无法提供客人邮箱则可请OTA客服代转）。信件内容主要是确认订房内容（再次确认），包括订房日期、房型、数量、姓名、联系方式以及付款方式。付款方式会因为不同的OTA而有所不同，若是预付的，不用特别提到金额，现付的或只付订金的则要明列细项，并重申取消规则。

除此之外要提到其他服务，包括接送机服务、行程规划服务、门票代售服务等。预期客人会有所需求的品项，在这封EMAIL内要完整表达，当然也可以用超链接方式导流到官网，让信息不会太多太杂（如下页图1所示）。

Welcome letter的主要功能在于重复确认、表达欢迎之意、提供额外服务及告知彼此权益。

✓Reminder letter（提醒邮件）

在客人入住的前三天发出，Reminder letter主要是提醒旅客三天后要入住！尤其针对Lead Time（订房到入住日的天数）长的客人，这个可以说是救命万灵丹。不厌其烦地再确认一次入住信息，也可以提及"提醒您我们的入房时间为下午三点，如您提早抵达饭店，行李都可帮您寄放于柜台，期待您的到来"。并且也再次确认有无需要附加服务，若在上一封欢迎信后客人有加订接机或接送服务，我们在这里也须再次确认并详述费用；若无，可再一次报价。另外，可以向客人询问ETA（预计抵达时间），把ETA输入控房系统（PMS）后能够方便房务员工调度打扫房间。提醒邮件也可以再次提及旅宿交通位置、附近吃喝玩乐地图、一周天气预报、城市活动等，同样地，若官网有这些讯息也可以导流过去。

✓Thank you letter（感谢邮件）

感谢邮件通常也会出现在高端饭店的退房SOP中，Thank you letter则往往会是抢救评论的最后一个大招。最最最重要的是，这也是告知官网订房优于其他平台订房的最好时机，是把OTA客人转化为官网客人的关键时刻！

但切记不要太催促消费者，要让他们自然而然地感受官网的好处！

图 1　模拟邮件[①]

---

① 说明：为保持原书特色，书中部分图片未做简体字处理。

Chapter 02　从 1 条毛巾开始学习：微型旅宿的规划

邮件范例如下图所示。

文末仍要提到要到UGC（详情请见本书第122页）留言点赞呀！另外，若客人在入住期间有抱怨或是遗失物品，在这封信中也得详加说明。这部分必须配合PMS来做记录，包含遗失物品、抱怨和下次改进等记录。

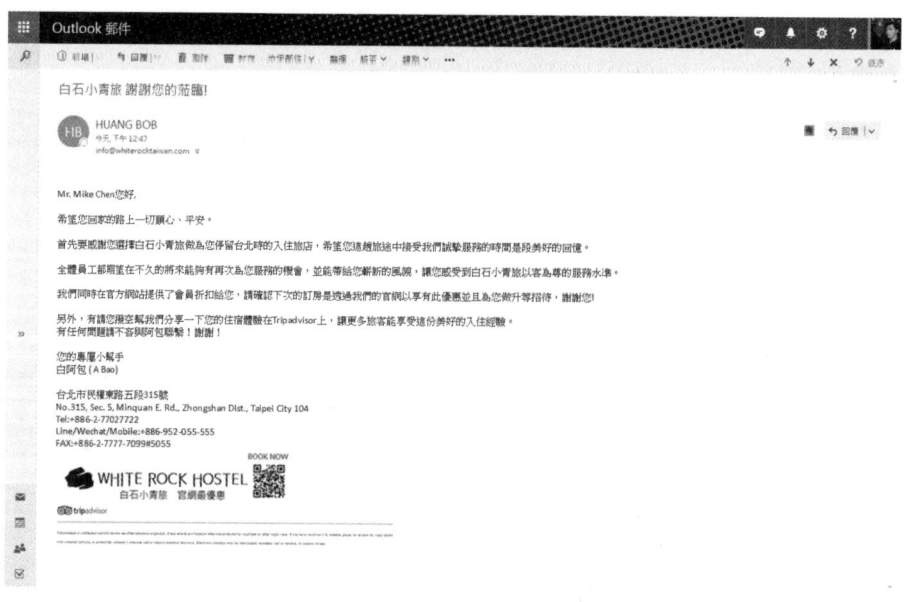

✓Recall letter（回头邮件）

这里提到的Recall letter绝对不是要你把错的信召回！Recall letter是指"让客人再度想起旅宿"，白话一点叫："王董~~你好久没来了哟~~"基本上在客人离店后三个月内、淡季、特殊活动（演唱会、展览等）或是客人的生日等时机，配合旅宿的活动来做推送。这里提供一个范例给大家参考，这是拉斯维加斯著名的Wynn（永利酒店）：

EMAIL首页图，标题是：Bob，你这阵子跑去哪儿了？点入后出现：定制的尊贵优惠。发送EMAIL的频率差不多是一个月一次。

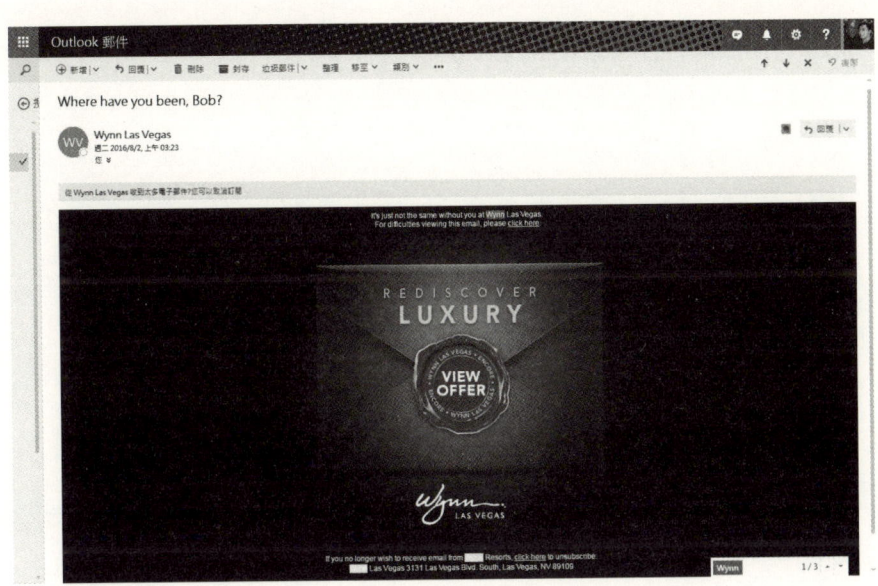

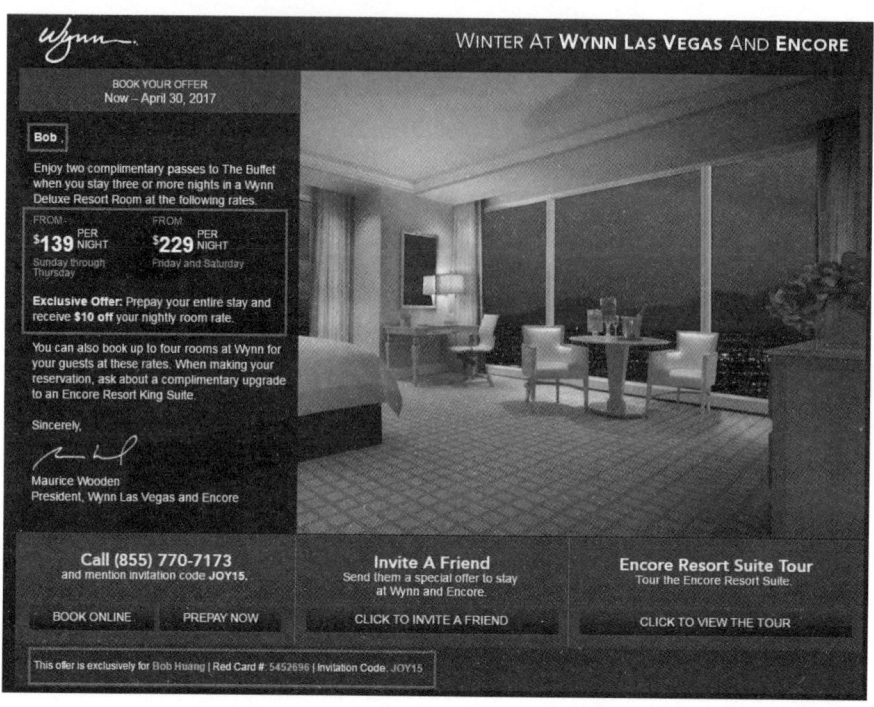

　　Recall letter的重要元素必须是健全的CRM（客户关系管理系统），有完善的客户关系数据库，才能捞到客户数据来做发挥！

最后要提1H：用心，这重点一样得放在关键时刻（The moment of truth），而我将其放在以下4大重点：

√电子邮件／社交媒体的礼貌回复

在尚未入住时通过在线工具来回复客人的问题，因为没有表情转达，我们更要谨慎回复，答复问题时不应该问一题答一题，而应举一反三地延伸性回复。

适当的回复方式

小王（客人）：Hi！BOB HOSTEL吗？我问一下，我明天到台湾之后要怎么到你们旅馆？

阿包（馆长）：Hi！小王好！您抵达的机场是台北松山机场还是桃园国际机场？若是台北松山机场，您可以直接搭乘捷运到达西门站的六号出口直走20米就会看到我们旅馆了！但若是您是抵达桃园国际机场……。另外，提醒您，明天可能的下雨概率是40%，要小心哦！我是馆长阿包，有任何问题都不要客气哦，随时和我联系！

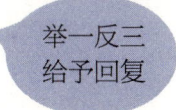
举一反三给予回复

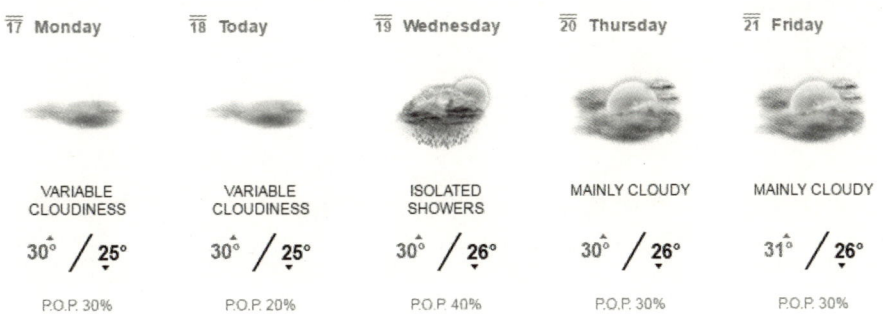

不恰当的回复方式

小王（客人）：Hi！BOB HOSTEL吗？我问一下，我明天到台湾之后要怎么到你们旅馆？

阿包（馆长）：Hi！小王好！您抵达的机场是台北松山机场呢？还是桃园国际机场？

小王（客人）：Hi！阿包，我想是桃园哦！

阿包（馆长）：是T1还是T2？

小王（客人）：T2。

阿包（馆长）：这是我们官网的交通指引哦！请参考http://www.bobhostel.com.tw/traffic

小王（客人）：哦……

阿包（馆长）：谢谢，若有任何问题请不吝询问。

> 问一句
> 答一句
> 浪费彼此时间

> 顾客需再次打开页面
> 没有直接解决问题

✓ **电话中的应答口吻**

这其实在每家旅馆的总机教战手册中都有详细的要求，基本上有个小秘诀：放个小镜子在电话旁，电话响起，清楚念完问候后，以微笑模式来完成对话，话筒里的那头就能感受到你满满的诚意啦！

✓ **办理入住手续时的眼神接触**

入住时的第一次接触十分重要！那是因为注视就像触碰一般，会立刻产生联结。

✓ **退房时的最后一击**

旅客在退房时必须请房务帮旅客做最后一次检查，是否有遗失物品，最好也能在退房时给予温馨的祝福！关心此次的旅程状况，以及待会儿的行程是否需要安排车辆或寄放行李等。

> 最重要的是要再次提醒这两件事：
> - 提醒顾客填写 OTA 和 TripAdvisor 的评论。
> - 提醒顾客官网订房会比他此次的 OTA 订房划算。

微型旅宿的组织扁平化

最后的软设计在于人才培育，或者说是如何提升旅宿人力资源的效能。这也是很多微型旅宿的痛点：找人不易、养人不易、留人更不易。

在人才培育这块尤其针对微型旅宿必须强调要拥有Multiple skill（多任务技能），也就是说员工必须能互相顶替彼此，会订房也会打扫房间或是能站柜台也能当会计。而且微型旅宿更必须要把组织扁平化①，也就是管理结构要简化，重新组织整合。

而旅宿从开始架构体系、建规立章一直到薪资结构、绩效考核体系、培训体系、管理权限和企业文化建设，虽然是组织扁平化，但该有的不能少，否则只会是散沙一盘。

有条有理开间微旅宿

期望能稳定且永续经营旅宿，其中有5件事务必落实。

✓定期调整薪资

人员薪资调整，设立半年薪资和年度调薪管理制度，每半年都要对员工进行

---

① 组织扁平化有几个好处：信息传达快，文化传递快，指令传递快，执行力提高，效率提高。简化管理层级，扩大授权前线员工，这也能提高服务速度。

一次调薪，也就是说至少一年进行两次薪资调整。

✓建立健全各部门绩效考核方案

设定KPI（关键绩效指标），例如每个月柜台人员要upselling（向上销售）10次，让员工有一个努力的方向。但若是有客户投诉或是没按照标准程序操作，则会影响考核与绩效等规定之标准。

✓完善培训体系

例如，可以有内部员工的体验旅游，了解公司起源、文化；对于在任的员工也要安排固定的课程，如调酒课程、OTA操作课程、客户投诉处理技巧课程等。

✓完善管理权限体系

权限不重叠之外，对于员工必须绝对信任，但仍必须抽查监控在执行过程中是否需要修正员工权限。

✓建立企业文化概念

这能够让员工更有准则、归属感与荣誉感。可以定期举办Team Building（团队建设）培养默契。

专栏 2

微型旅宿的服务设计

就如同前文所提到的旅宿价格取决于客户的体验价值，而这样的价值是由软、硬件设计所决定的。硬件设计影响我们的感官感受，服务影响顾客对我们的评价，好的服务能在无形中为一间旅宿加分，在本次的专栏我们就要有请两位达人告诉我们服务设计的重要性。

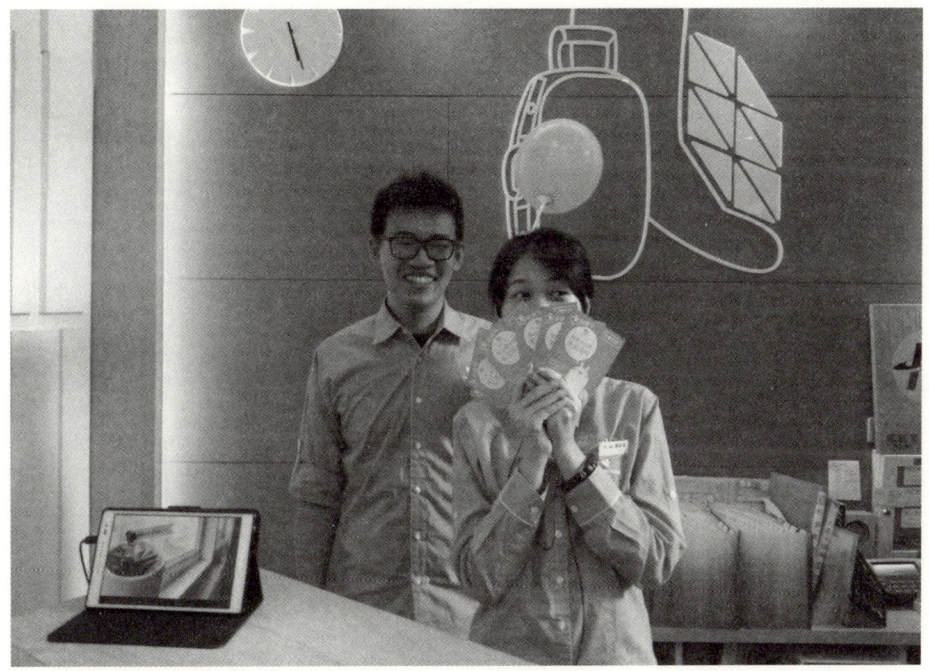

旅宿的硬件设计可能大同小异，服务则是在此基础上的加分机制。

Q&A

营运达人！

台湾青旅创办人
魏秋富

熟悉旅宿筹备程序、服务设计

学历： 台湾大学工业工程研究所

经历： 台北旅店集团创始人暨合伙人

现职： 台湾青旅股份有限公司　　创始人暨执行长
　　　　 台湾国际青年之家协会　　常务理事
　　　　 台北市旅馆商业同业公会　 理事

Q 1. "服务设计"的坚持

科技以人性为出发点，但服务更是以人性为核心。近年来大财团与建设公司都相继投入旅馆建制，前仆后继地加入这个红海市场。经过设计师考察参访，多数都是复制相关硬件的设计，但旅宿是重要的服务产业，以人为核心，因此员工的教育训练与发展规划才是未来旅宿业胜出的重点。很多业主在硬件上花了很多钱，却在软件上投资不足。在规划人力资源的时候，减少服务业人力薪酬水平，影响优秀人才投入的意愿，并未将人员的相关教育训练与成长列入规划。加上培育人才是企业的社会责任之一，这也是我坚持的其中一个理由。我会通过薪酬奖励制度，让所有工作伙伴因努力而得的绩效奖金与公司成长的目标趋于一致，并在人才培育与训练发展方面投入更多的资源。

Q 2. 如何能简化服务流程却不失质量？

服务流程的设计要善于利用科技网络的整合。全台湾有1万多家民宿及大量的旅馆业者，虽然有很高的数量比例，但对科技网络技术应用的整合，仍然非常落后，无法在官网实现在线订房系统与支付渠道的整合，造成顾客订房及营销后订房的桥接转化流失。最后只好更依赖在线OTA订房，无法有效地将OTA 的营销曝光内化成自己的忠诚顾客，长期高比例的佣金支出导致了非常大的营运成本。这告诉我们网页接口规划设计的重要性并不亚于房间的规划设计，因为未来高达90%的旅客是通过网络搜索找到旅馆，并通过便捷的订房流程完成交易。在与"陌生人"的第一次接触中，网页的规划设计与订房支付渠道整合更显重要。

Q 3. 服务设计和硬件规划谁比较重要？

旅宿的经营管理，软件与硬件规划是同等重要的。硬件规划以干净、整洁、安静、舒适为原则；而让顾客感受到尊重和需求被满足，则需要服务设计与软件的配合。人员教育训练及薪酬奖励制度的规划及科技网络的应用，可以在硬设备装设时同步进行。

Q 4. 对于旅宿业的期望和看法？

观光人口增长趋势吸引各行业者相继投入旅宿业，近千亿的资金涌入旅宿产业。行动网络应用普及，进而影响消费者的订房行为与旅游习惯。而旅宿业O2O的消费者行为改变趋势，也影响旅宿业的营销变化。线上订房平台（OTA）逐渐取代传统旅行社的订房服务，高额的佣金支出降低了旅宿业的净利率。除此之外，新的行动网络商业模式在"旅宿O2O分享经济"概念下发展出新的销售渠道，例如一般住家的闲置客房也可以通过网络平台实现销售，观光客除了可选择旅馆、民宿外，还多了在一般住家停留过夜的选择。"旅宿O2O分享经济"将分散来台旅客住宿的客源，影响一般旅宿业的住房率，而网络点评机制、社交网络

Q&A

的实时分享等网络营销管道，间接影响旅客对于旅宿品牌的选择。

随着旅宿数量的快速增长，中高阶旅宿业专业管理人才的需求增加，如何妥善地安排教育训练与人力资源规划，皆为旅宿业长远发展的根基与挑战。

Q 5. 台湾旅宿业面对未来发展的趋势挑战是什么？

"2013年来台旅客动向调查"数据显示，虽国际观光客数大幅增长，但拜访旅游景点的相对次数，除台北市高达83.76%外，其他多数县市如高雄地区只有34.17%，台中地区只有10.06%，而台南地区仅6.23%，由此可知，虽然旅宿业仰赖旅游市场的增长，但国际旅客数的增加对于部分县市的住宿需求量有限，从而导致部分县市旅宿数量的大幅增长而造成供需失衡；其次，依据2014年观光统计资料分析，2006—2014年因商务（业务来访）目的来台人数从近95万人次降至约77万人次。业务来台客层与旅游客层相较之下减少18.9%，进而影响商务定位的旅馆住房率，也就是说，台湾旅宿业面临定位转型，实为一大隐忧。相较之下，来台以观光为目的客层则大幅增长，人数从151万人次增长到719万人次。台湾旅宿业必须鉴往知来，融合东西方文化与技术，整合资源以面对未来的竞争。

未来使用网络在线订房的旅客趋向年轻化、移动化，通过手机订房的比例将逐渐地提高。社交网络的迅速发展决定了网络住宿评价及顾客入住体验的分享将成为旅游者选择旅宿的重要参考依据，移动端的应用及数字营销技术的发展将影响旅宿业品牌的营销与发展，旅宿业将面临更多的挑战。当前仆后继的竞争者以更新颖的装潢设计、更低廉的房价优惠吸引旅客时，旅宿业者应如何应对激烈的竞争？如何招募并培训优秀员工以及利用信息科技的发展积极面对挑战，才能不被这波旅馆兴建热潮与竞争所淹没，值得深思。

Q&A

青旅达人！

北门窝执行长
陈芃彣

成功的区隔营销技巧，不盲从，走出自己的路

陈芃彣（Janet Chen），毕业于台湾政治大学阿拉伯语文学系，喜欢学习不同的语言，相信语言是最能了解人们真实情感与文化的桥梁。一年多前踏入观光旅馆产业，希望能让更多人认识台湾的美并爱上台湾！

经历：	台北北门窝泊旅	营运总监
	普罗室内设计	特别助理
	泡泡窝休闲文创	董事
	台北西门窝青年旅馆	业务经理
	花莲洄澜窝青年旅舍	业务经理

Q 1. 如何跳脱营销窠臼？

在业务和营销上，北门窝筹组了一个内部核心团队，它除了具备业务与营销的能力外，更具备直接的执行能力。也就是说，团队本身就必须负责现场营运管理、活动规划、项目执行、成果验收与旅客回馈等，因而在策略制定与决策执行上能更有效率，不需要经过公司内部向上呈报的重重关卡，让我们更能因应市场变化而做出及时反应。

在这个影音与网络蓬勃发展的新媒体时代，营销也需要与时俱进。在北门窝开幕前夕，我们与知名YouTube影音工作者——不要闹工作室（Stop Kiddin's Studio）合作，拍摄了一支北门窝专属的介绍短片。一镜到底的拍摄方式，让还没有住过北门窝的观众能够身临其境，和我们一起探索老房子的历史、新房子的故事，进而吸引观众订房，亲身体验在影片中出现的每个场景！

Q&A

不仅如此，北门窝也与酷瞧新媒体旗下的天团星计划PLAN.S合作，我们提供给天团星计划的团员们舒适自在的住宿空间，而团员们则会通过网络影音直播的方式和关注他们的粉丝分享在北门窝的住宿生活。通过直播分享的方式，也能达到更直接的宣传与曝光效果。

在官网的规划上，我们也跳脱以往用文字介绍旅馆的方式，改由使用影像来说故事，让官网也能呈现出我们的热情与温度。

Q2. 新旅宿网络营销规划的时程建议

新旅宿一推出到市场上若要马上为人所知，刚开始真的会比较辛苦一些，因此最重要的莫过于要找出自己的特色，再以该特色延伸做宣传。

举个例子来说，北门窝第一个主打的特色是"POSHTEL（潮旅店）"。作为台湾第一间以POSHTEL命名的旅馆，我们在旅馆建置尾声时，即在Facebook成立了粉丝专页，并在粉丝专页上贴出建置现场照片、POSHTEL相关介绍等资料卖卖关子，以便在建置完成后公开我们与不要闹合作的宣传影片。

此外，我们也针对旅游市场的淡旺季提前规划一年四个季度的营销策略，包括旅馆开幕前的宣传活动、邀请旅游同业伙伴试住体验、规划开幕酒会邀请媒体与艺人朋友共襄盛举，以及现场因应不同节庆来规划的体验活动与客人互动等。因此，在北门窝正式营运后的短短两个月内，我们快速建立官方网站与粉丝专页并迅速累积好评；通过杂志周刊、名人与网络的报道与分享，也让客人能搜寻到更多有关北门窝的信息，对北门窝也有更进一步的认识。

此外，提前一季规划次季的营运目标，接着再依据营运目标来讨论营销的策略，不仅能加强加深营销的力道，也能确保投入的时间与金钱能花在刀刃上，帮助业务提升以达成营运目标。

Q3. 主力使用ＯＴＡ（线上订房平台），如何平衡ＯＴＡ和官网订房？

"均价"一直都是我们在业务策略制定上最重要的考虑，这也是平衡OTA与官网订房最需要注意的部分。因此，我们极力确保通过官网、粉丝专页、电话预订甚至是现场订房的客人不会订到比OTA更贵的房价。当同一间旅宿在不同的平台有不同价格出现的话，其实不仅会伤害到旅馆的价格，造成客人的困惑，也会让没有订到最优惠价格的客人有产生负评的机会，所以维持均价是非常重要的事。此外，我们也会在官网和粉丝专页上不定期举办优惠活动，吸引客人直接向我们订房，让客人享受到最优惠的价格。

在新旅宿刚开始上线销售时，大部分的客人还是以OTA订房居多。为了吸引客人下次可以直接通过官网和我们预订，在客人退房的当晚我们也会寄发感谢信给每一位入住的客人，除了提醒客人下次通过官网订房能享受优惠之外，同时也能请客人协助为本次的住宿体验在评价网站上留下评价，分享他的住宿经验给即将入住或考虑订房的客人，因为客人的评价才是我们最强而有力的营销。

Q4. "贴心"与"温度"是旅宿主打的核心价值，落实的关键因素是什么？

我们一直都相信，当自己的热忱与热情散发出来，身边的人也会跟着"热"了！所以对于旅宿的经营，除了要理性管理之外，更重要的是与现场伙伴们的感性相处。

"贴心"与"温度"一直以来都是"窝"系列旅宿最重视的核心精神，但要让旅客感受到我们服务的贴心与温度，这其实都必须仰赖前线的现场伙伴。要让客人入住我们旅馆时感受到家的温暖，我们的伙伴本身也必须把旅馆当成自己的家，而不仅只是"一个工作的地方"。

Q&A

　　对于每个部门的每一位同仁，我们皆以伙伴、家人彼此相称，而不是有距离感的主管和员工；我们期许我们打造的是一个舞台，一个交流分享的平台，让伙伴们能够一同参与讨论与决策，让每一位伙伴都能在这个平台上吸收知识与经验的养分，与旅馆一起成长。当伙伴们能把旅馆当成自己的家，把每一位入住的旅客当成我们的家人，自然而然地旅客们就能感受到我们最真实的温度，并喜欢上我们的贴心服务，而这也是现场伙伴们最大的成就感来源！

2-3
微型旅宿的数据设计

✓ 多方利用渠道

✓ 使用顾客关系资料库

✓ 绝对要有控房系统

"刚柔"并济之后要进入"计"的阶段啰！虽然是最后，但并不代表它不重要。数据设计包含了线上订房操作、顾客关系统计、控房软件应用、渠道控管、收益管理工具、数据应用等。这些数据相关的设计，只要方向导引正确，绝对能达到相得益彰的效果。在这里我们要学会的是控房系统（PMS）。

▍控房系统让你一人当十人用

专为餐旅业设计的控房系统（PMS），最初在20世纪70年代初期被开发，这些早期的作业系统价格相当昂贵，只能引起大规模饭店的兴趣；到了20世纪80年代，电脑设备变得较为便宜且轻便易于操作，使用者导向的软件系统更包含了饭店的多种功能，而且无须经过复杂的技术训练，加上多用途的个人电脑发展又带动了适合小型饭店的电脑系统产生，于是到了80年代后期，PMS广泛地被各种规模的饭店接受。

控房系统这么用！

PMS的重要性非同小可，也是旅宿业者最需学习的数据软件。它除了改变业务流程和管理模式外，还能增加收入、降低成本并提高顾客满意度与辅助决策支援。其主要的工作分为三大要点：

1.抵店前的工作：事先预留客房，确认客户资料

PMS的订房系统可以直接与订房中心或是与全球订房网络连接，可以做到按事先预定好的报价来预留客房。订房系统还可以自动产生订房确认和要求支付订金的信件，及做好入住前的准备工作，对使用信用卡或智慧卡消费的顾客，在订房时如事先告知卡号还能确定信用额度。电脑系统也能为确定订房的顾客做好电子账单和抵店前的一系列准备工作。此外，还能制定出一份预期抵店的顾客名单、住房率和客房收入预测表以及各种相关的资料报告。

2.抵店时的工作：收集住客资料

电脑订房系统的记录资料自动传送到饭店的PMS中的客务系统中，而散客的入住资料则由柜台人员直接输入到客务系统中；柜台人员会拿出一张根据系统数据打印的登记表交给顾客签名确认；线上信用卡授权使得柜台人员能够即时取得使用的许可；将入住登记的资料储存在电子系统内，需要时可随时调用，这样一来就不再需要使用客房状态显示架了，电子账单也会由系统的应用软件来进行维护和存取。此外，有些饭店向顾客提供了自助入住/离店的服务，这些也都能运用PMS系统执行。

3.住店期间的工作：直接连接OTA，提升竞争力

有了控房系统，电脑系统代替了人工操作的客房状态显示架或是电子机械收款结账机。而PMS在早期是一个较为传统的领域，但从2013年开始，新形态PMS慢慢地崛起，并且直连OTA，令PMS的战略价值日益提升。

有非常多的PMS系统可选择，包括隶属于ORACLE MICROS的OPERA、FIDELIO及SUITE8，德安，金旭，灵知，等等。适合微旅宿的品牌则有Traiwan、Kitravel、Bookbookapp、Shalom、iRoom等。

这样说明是不是还听得一头雾水，现在就让我来给大家介绍一个免费的民宿管理与营销平台——云掌柜。

PMS运用：云掌柜

云掌柜源自大陆，是针对旅宿研发的一个云端PMS，目前有两万多个使用者，在免费PMS的市场内算是成熟的产品。它既是一款资讯管理工具，也是一个网络营销平台，面向微旅宿的移动管理而设计，无论身在何处，都可以用它打理你的旅宿生意。云掌柜有着下列几种核心功能，现在就让我们来了解怎么运用这样的新时代工具吧！

✓房态管理／客人管理

首先讲到房态与客人管理，不论是现场预订的客人还是来自OTA的客人，都可以直接在后台做设定，直接实现订房。云掌柜还可以替代传统纸本和试算表实现房态管理功能，并可多使用者、多终端同步、多分店控房，针对多位管理员的情况，也可以设立子账号，限制权限。

功能一：建立好订单后可以通过系统发短信给客人，建立CRM（客户关系管理系统）与创造入住前正向的体验，也可建立自己的简讯模板，即时传送（如下页图1、图2所示）。

功能二：系统会自动记录住店客人的基本信息（手机号、所在地、累计消费金额及最后一次退房日期），同时提供来电显示服务，方便做好客户关怀，并且依据入住的间夜数来分级会员（与香格里拉的金环会员制度相似）（如下页图3所示）。

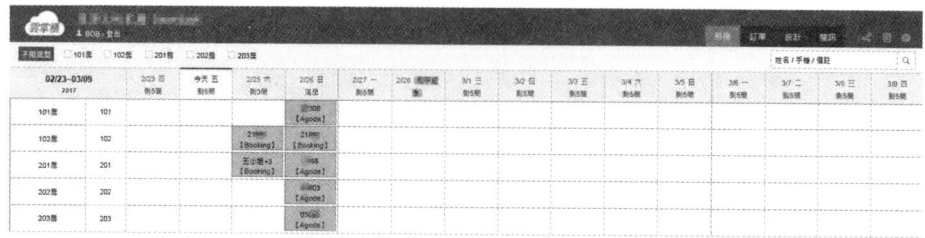

图 1

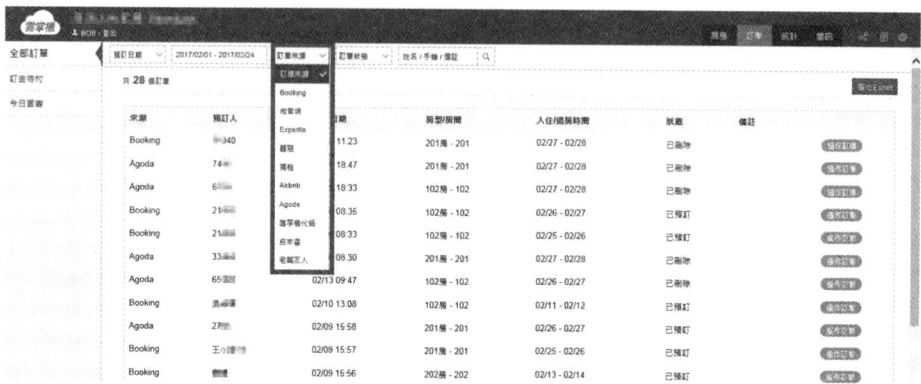

图 2

图 3

√ 分销管理（Channel Manager）

　　Channel Manager通过API（应用程序编程接口）来串接各家OTA，统一控房。还能生成分销报表，可以清楚地了解各家OTA的订单状况，为旅宿业者提供自动化渠道管理服务，使旅宿业者轻松控制并管理众多分销渠道，大幅度降低渠道管理成本和工作量，进而可为旅宿业者提供即时收益管理所需的动态资料，并以此来指导优化价格策略。

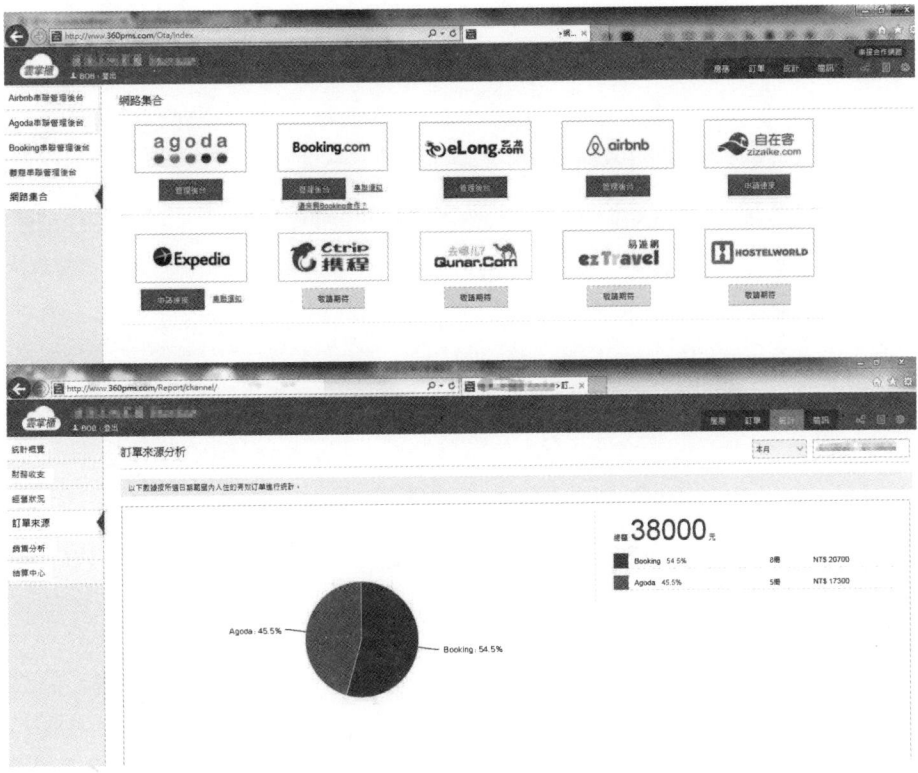

✓ 统计分析

相信这是让每位业者最开心的一点！尤其针对股东合伙的状态，使用PMS可以让收支透明化。

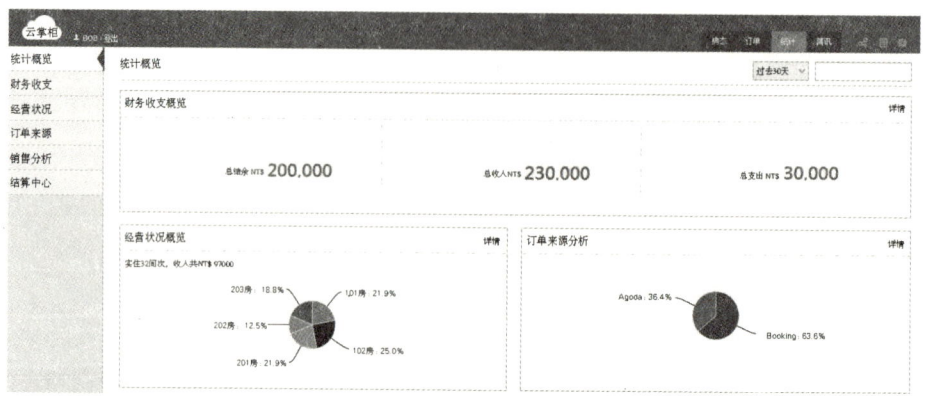

✓ 直销管理

在云掌柜里称之为"微客栈"，帮你建置自己的微信官网，永久免费且不被抽佣金。现在加入时下很多OTA还是必须被抽佣金的，另外，直销功能让旅宿老板轻松地利用社交媒体（FB、LINE、Wechat）进行熟客及回头客的客房销售。有些脑筋转得快的民宿，直接打印出微客栈的二维码，就放在门口，让客人即时预定，线上即时付款。

云端化的PMS非常适合人力不足的微旅宿，假设你正在商场购物，这时突然接到订房电话，没笔没纸的状态，只要通过云端的PMS直接用手机上的APP就可以帮客人订好房间，可以查库存量且报价，不用再手忙脚乱！

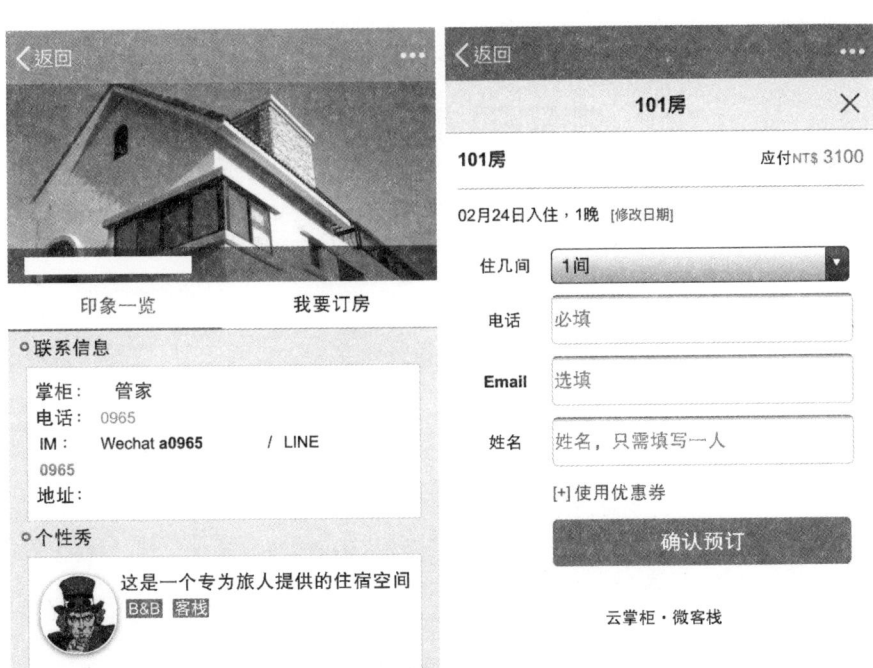

运用云端化的 PMS，让管理更加便利

专栏 3

SEO 应用术

前面我们说了旅宿内部的数据设计，这次则来说说外部的吧。搜索引擎最佳化（Search Engine Optimization，缩写为SEO）在维基百科上的解释是这样的：是一种通过了解搜索引擎的运作规则来调整网站，以及提高目的网站在有关搜索引擎内排名的方式。也就是说，在各大搜索引擎中，如何脱颖而出。举例我在Google搜寻垦丁住宿，它搜索出了578000条资讯，假若你没有特意去经营SEO而是纯粹累积自然流，要晋升到显而易见的页面估计遥遥无期，因为越来越多的个体商户（不论新旧）已经在进行SEO优化，即便只是免费的SEO应用程式，都能比自然流的速度更有效率。想要提高曝光量，则需在OTA上排名靠前，而若官网能在Google上抢得先机就更完美了！

在OTA排名拔得头筹，但在Google上呢？

Google的演算法时时在变，就如同TripAdvisor的排名逻辑在这一年也做了一些新的更新，Google更是频繁，因为资讯量太过巨大，相对的垃圾资讯也是呈正比发展。如何去芜存菁，Google通过演算法来做，而这个去芜存菁的过滤器逻辑正是我们做SEO时必须知道的。演算法会考虑一些要素，例如：内容的年龄、负面站内因素、使用于内容的相关术语、内容的独特性等。这次我们邀请来SEO达人来跟我们分享一下，若以旅宿为出发点，我们该怎么做SEO？

Q&A

数据顾问！

资深顾问
卢盟晃 博士

SEO 专家

《SEO 超入门》作者，中国文化大学数位媒体学程兼任助理教授，曾任台湾行旅游网顾问，现为御花园连锁精品汽车旅馆集团、布拉格春天精品汽车旅馆、奋起湖老街大饭店顾问，以及苗栗、台中、台南、花莲等多家知名民宿青旅顾问，拥有 15 年旅馆网站 SEO 经验。

Q 1. 一般来说关键字广告是短效型快速营销，SEO 则是长效型营销，若是针对资源有限的微型旅宿业主，该从哪个方向去设计线上营销？

　　SEO 和关键字广告拥有不同的营销特性，关键字广告是短效型快速营销，SEO 则是长效型营销。对于资源有限的微型旅宿业主而言，我有以下几点建议。

　　a.由于微型旅宿业主的营销预算有限，建议将关键字广告优先配置于精准关键字，例如：台南安平民宿、嘉义奋起湖饭店，越是精准的关键字因广告投放的范围缩小，点击数会较少，业主支付的广告费用会较低。但因是精准关键字，所以点阅率（点阅率的计算方式是点击次数除以广告显示次数）会提升，点阅而来的使用者即是我们锁定的精准客群，其订房的概率也高，通俗来说，就是"把钱花在刀刃上"。如仍有预算，再考虑扩大范围，购买较为广泛的关键字，例如：台南民宿、嘉义饭店等。另外，因为关键字广告有可快速上稿的特性，因此也适用于短期或节庆日的活动曝光。

Q&A

b.SEO是指通过了解搜索引擎运作规则来调整网站，以提高网站搜索排名的一种方式，建议业主可锁定数组长期固定的核心关键字，以及由核心关键字衍生的延伸关键字来优化网站在搜索引擎中的排名。对于营销预算有限的业主来说，建议业主随时监控这些关键字的排名，当某个关键字已经通过SEO获得不错的排名，使用者也已通过搜索导流到业主网站时，即可将该关键字的广告下架，以节省有限的营销预算。简单说，在预算有限的情况下，同一关键字的SEO排名或关键字广告，只要择一即可，SEO需要长期经营，但不需支付每次点阅费用，关键字广告则反之。

Q 2. 有什么关键技巧可以提供给即将要开业的旅宿业者？让他们可以在前期布局线上营销时有所受益？

对于即将要开业的旅宿业主，有以下几项可以用在前期布局线上营销的方式。

1. 关键字分析

业主在建置网站之前即须进行关键字分析。前期因网站尚未开站，无法通过 Google Analytics 及 Google Search Console 取得网站关键字数据，建议通过业主自身经验及访谈，拟定数组关键字，并辅以 Google Keyword Planner（关键字策划工具）来找出真正适合自己旅宿的核心及延伸关键字，并将这些关键字通过内容策划，广泛布局于网站各页的内容当中。等到网站正式开站，通过 Google Analytics 及 Google Search Console 取得网站关键字数据之后，业主即可重新检视前期拟定的关键字，并适度修正调整关键字布局，确保这些关键字是"使用者真正会搜索的关键字"，而非只是"业主自己想出来的关键字"。

2. 旅宿网站可于旅宿开业之前开站

由于搜索引擎对于网站的处理程序包含抓取（Crawl）、索引（Index）、分析（Analyze）、排名（Rank）、解析（Parse）、展示（Present）、清除垃圾网站（Filter）等七个步骤，通常需要一个月至数个月不等的时间，因此建议网站可于前期先行开站，前提是网站必须已有完整内容，例如：已完成客房装潢及拍照，这样一来，等到旅宿正式开业时，即可享受到SEO的甜美成果。

3.前期建置网站时，建议做到以下七个事项

a.网站的移动版页面：可通过建置RWD（Responsive Web Design）响应式网站或另外建置 Mobile Web移动版网站来达成。

b.关键字布局：将关键字以自然语句适度安排于在网页的标题（title）、描述（meta description）、页面内文（content）、图片文字说明（alt）等处，但请留意不要进行过度的关键字充塞。

c.安装流量分析工具：例如Google Analytics、StatCounter、百度统计等，随时监控网站流量的细节。

d.安装搜索引擎的网站端工具：例如Google Search Console、Bing Webmaster Tools、百度站长平台，与搜索引擎保持畅通的沟通渠道，可随时接收来自搜索引擎的通知及提醒，并可设定旅宿所在地区、提交Sitemap（网站导览）及监控网站整体情况。

e.Schema（纲要）语意标记：完成以上四项，如仍有余力，可在网页上进行Schema标记的宣告，可以让搜索引擎自动读取旅宿网站正确的内容，例如：旅宿品牌、房型、房价、位置、使用语言、付款方式等，业主需选择适合的语意标记在适当的网页进行宣传。

f.以使用者角度检视网站：在网站规划、建置及测试阶段，必须不断以使用者角度审视网站，包括浏览旅宿资讯、客房说明及相片，确认线上订房动线是否顺畅，建议选择有移动版页面的订房系统。

g.主机位置：建议依据旅宿的主力客群所在地区采用当地网站主机，例如：主力客群是台湾旅客，则采用台湾主机；主力客群为陆客，则采用大陆主机；主力客群为国外旅客，但无明显特定国家时，可采用美国主机。

Q&A

Q 3. 很多的微型旅宿业者尤其是民宿会参加一些所谓的"民宿网",让它们统包官网,针对这样的官方网站您有什么建议吗?

微型旅宿业主通过民宿平台建置官网,各有优缺点。

优点:(1)民宿平台的业务人员熟悉民宿官网的建置,对旅宿业主来说,只要把旅宿的文字及相片资料给民宿平台,官网很快就可以开站,有些民宿平台甚至可代为撰写文案及拍照,让旅宿业主可把时间花在旅宿经营上。(2)民宿平台通常会自行建置各地民宿的介绍页面,例如"台南民宿""宜兰民宿",并经营这些页面的SEO排名,而通过民宿平台建置的官网,通常可以在这些页面曝光,对初期流量较低的官网来说,可导入部分流量。

缺点:(1)民宿平台多采用子域名或资料夹方式来建置旅宿官网,例如:imotel.motels.com、mymotel.motels.com,因此旅宿官网的网址挂在民宿平台下,若未来要更换成别家的民宿平台,或该民宿平台结束营业,则旅宿官网的网址会被迫更改,之前所经营的网站页面及SEO成果,必须重新开始。(2)目前多数的民宿平台尚无移动版页面,这对于多数已经习惯用手机浏览资讯的使用者来说非常不便,会导致网站的跳离率升高,不但会在实质上影响到旅宿业主的订房数,也会因跳离率影响到网站在搜索结果页的排名。(3)多数的民宿平台在旅宿官网会放上民宿平台主网的链接,这对于民宿平台来说是导流的好方式,但是对于旅宿官网来说却是不利的,因为我们的客人也可能因民宿平台主网的链接,导流到其他竞争业者的官网。

我的建议:

(1)不论是通过民宿平台还是自建官网,强烈建议必须拥有自己官网的网域名称(domain name)。拥有自己的网域名称,未来如更换平台或网站建置公司,才不需要被迫更改网址。

(2)如因时间及预算因素,初期可先委托民宿平台建置官网,但长期来说,建议还是需要拥有一个自己的官网,若预算允许,亦可使自建旅宿官网及民宿平台的旅宿官网同时存在。由于搜索引擎重视多元的搜索结果，所以在搜索结果页上，可能会同时呈现多个该旅宿的页面，这对旅宿业主来说是好事。不过要留意，自建旅宿官网及民宿平台的旅宿官网的内容呈现不要完全一致，建议改写文字，以免被搜索引擎判定为内容重复而被处罚。

（3）部分民宿平台也会帮旅宿业主建置旅宿官网，其实只要可以符合上述"前期建置网站时，建议做到的七个事项"、自己拥有独立网址、旅宿官网不外链到民宿平台等原则，由谁来建置官网都可以。重点是要做出有利于使用者浏览及订房、搜索引擎可顺利索引内容、在相关关键字下拥有不错排名的网站，那就是一个成功的旅宿网站。

Q 4. 微型旅宿业主还可以做的事

除了上述建议以外，旅宿业主还可以这么做！

a.建立Google我的商家页面：可让旅宿在Google Maps（谷歌地图）曝光，亦可建立详细资料，包含官网网址，导流使用者进入官网订房。

b.GPSO：全球定位系统优化（Global Positioning System Optimization），除了Google Maps，尚有许多旅客依赖GPS导航到达旅宿目的地，因此针对知名GPS品牌（例如：Garmin、PAPAGO、Mio、Trywin等）逐个通知旅宿的位置及联络资讯，并提供相片、Logo给GPS业者，有助于使用者快速找到旅宿。

c.建立社群页面：搜索引擎越来越重视社群流量，通过社群页面的经营及导流，可让搜索引擎知道旅宿在社群中是受欢迎的，有助于SEO，例如：Facebook粉丝专页、新浪微博等。

d.来电辨识APP优化：建议向来电辨识APP回报旅宿订房电话，让来电辨识APP可尽快收录旅宿电话，另外可针对APP建立来电显示名称（如Whoscall Card），可让使用来电辨识APP的客人，在接到旅宿来电的第一时间即可得知，漏接来电时，也可知道是旅宿来电而尽速回电。

在前述的前置建构设计完成之后，接下来才是旅宿业者更需要战战兢兢学习的重点，毕竟设计是把钱花出去，而经营才能把钞票赚进来，前面的部分没有好好记住没有关系，还有许多专业人士可以帮助你，而从这里开始才是决战的开始！荧光笔准备开始画线啰！

Chapter 03

永续经营法则

微型旅宿的经营

3-1
从"4W1H"检视你的微型旅宿

在对微型旅宿市场与软硬件设备有些了解后,接下来则要正式进入"开旅宿"阶段。做生意有热情却没有商业头脑很容易一败涂地,无法永续经营,这里将从旅宿经营的"4W1H"开始,重建与检视开旅宿的决心与方式。

▍Why:为什么开旅宿

为什么开旅宿?这是个看似"鬼打墙"的问题,但从这个"为什么"开始可以再重新理清自己的想法,而我的回答是:why not!但有几个前提:

1.你有灭不掉的热情。

2.你真的很喜欢交朋友(赚钱只是次要)。

3.读完了这本书你还是想要开。

"现在的时机不适合开旅宿啦。""五六年前就该开啦,现在经济不景气!"这些话是最近听到的一些长辈挂在嘴边的劝诫语,但事实上我不以为然。

首先要厘清你所设置的微旅宿是什么样的定位及目标客群(TA),若你是设置为单一客种,如:大陆团,那肯定不行!再者审视一下最近倒闭的旅宿,他们平常的营销操作有哪些？他们怎么操盘OTA？（还是根本没有上架？）

常常会发现附近开了一些莫名其妙的微型旅宿，过一段时间又莫名其妙地结束，最主要的问题不是政治问题、"分母"变大（竞争对手变多），也不是OTA没帮你好好卖房。

最主要的问题是这些微型旅宿根本是莫名其妙地经营着。

Nature selects, the fittest survives（适者生存，不适者淘汰）以及Struggle for Existence（为了存在而奋斗）这两句话很适合作为微型旅宿产业的标题。

为什么要开旅宿？因为你有能力奋斗生存，你能逢低进场抢到好的对象，还能趁需求不足的空档培养出健康的RevPAR，那还有什么困境能难倒你呢？旅宿的经营是需要多方面的能力和技术的，尤其身为一位成功的业主，从接电话订房到卷起袖子搬行李、盘点仓库库存、一例一休人力安排、参透损益表和资产负债表、水电木工小维修，一直到线上SEO、OTA操作、官网粉丝管理，大大小小的事情都应该掌握。旅宿还是需要较多人力的业种，与人的磨合、训练教化与培养教育都是煞费心神的工事啊！

所以，你想想，旅宿你都能做得好了，还怕什么？

What：你的对象是谁

搜索目标客群（TA）这个关键词，相信谷歌能在0.62秒找出14800000项结果。

我们用下图来做分析。

<u>TAM基本上就是整个市场环境，当然也是业主想要把产品铺天盖地的区块。</u>

<u>SAM是我们产品可以覆盖到的区块。</u>

<u>TA即所谓的最有可能购买我们产品的消费族群。</u>

再代入一个场景你们会更明白：

TAM区块指的是来台湾玩的1000万名游客，SAM区块指的是来到台东玩的200万名游客，TA是接受你的房价、地点、风格的消费者们。这样你是否比较清楚TA所在的位置了呢？接下来我们怎么样知道自己的TA和潜在的TA呢？我们先把范围分成开业前与开业后。

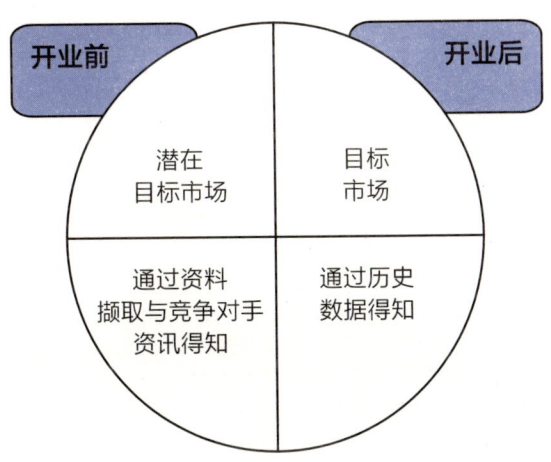

开业前我们可以先通过观光局及一些OPENDATA找出TAM，通过TAM来筛选出大区域性的观光客群、国籍分析以及淡旺季的消费变化；接着缩小到SAM，可以通过开源预测工具PROPHET，一些高流量的MSE（详见第121页）、UGC（详见第122页）来挖掘商圈的消费属性，参考同业的OTA产能报告，或是在OTA评论的消费者产业区分里探察。下图是在拉斯维加斯的某一家星级饭店，通过这样的产业区分，明显看出情侣是它们的主要TA占了50.3%，8%的商务客群则是最小众。

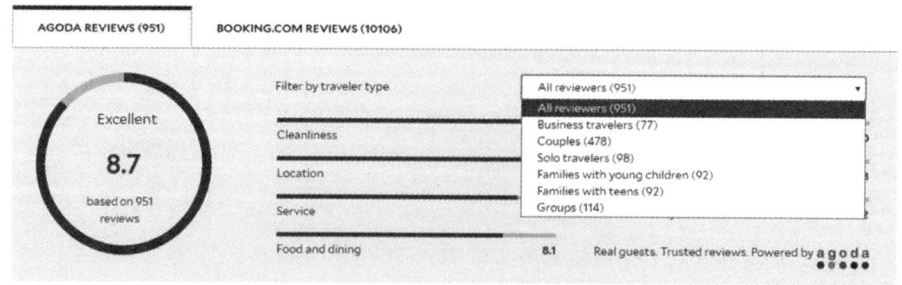

开业前通过这些线上应用可以把TA的轮廓描绘出来，至少能拿到基本盘。开业后历史住客的累积，我们可以通过PMS将顾客历史资料筛出，看看入住的房客是商务目的、家庭旅游或是背包客。累积的DATA越多，TA的画面会越清楚。假设累积了一年的历史资料，我们就可以开展每个季度和每个月度的分析，你可能可以在报表上发现一端倪，例如：3、4月背包客的数量缩减、2月的情侣入住增加、12月底商务客消失等。或是你可以通过你的TA架构去发现当初没发现的潜在客群，虽然体量不大，但稳定成长，这时候可以针对这样的新大陆来做培植，例如：近期阿包旅店拿到了清真认证（Halal Certification），以前没有的回族客人，慢慢地变成了潜在的TA，并逐渐增长，原本的TA没有减少，又多了一群回族消费者。TA不仅是垂直增加也一并水平发展，这对于整体住房率有绝对程度的影响。

When：何时进场（该准备多少资金）

每个对象若是以用心经营为前提，基本上很难在短时间内"进场"。我们拿青旅界的达人——西卡大叔举例，他看过的对象将近400个。而进场的时机不用催也不用赶，天时、地利、人和三位一体后，才能真正展现出对象的价值并传达消费者最直接的体验。

在兴起旅宿念头并且开始营销+业务+寻找对象时，要重点关注股东成分的组合和公司的成立、资本额的设立。这些都是息息相关的，若是没有相关标准，很容易判断失误，从而导致资金缺口而延宕程序。在资金方面若有不足的地方，建议可以通过扩股增资或是释出部分股权，找一名原股东担任代表人，后面可以找一些想要投资但无法共同参与的投资人（出钱不出力等），如下述案例。

阿包旅宿原设置100%股权，资本额1000万元，A、B、C、D股东都是共同创办人，但因为其间B股东和D股东有资金困难，为了不耽误整个旅宿开设进程，B股东释出了20%股权给E先生和F先生，但实际上E先生和F先生并不会参与公司业务和董事会。虽然B股东、E先生和F先生的股权代持是三人之间的私下约定，但E先生和F先生也承担着一定的风险。同样的，G先生和D股东也是用同样的方式做股权代持。因为有E、F、G先生的进场，让阿包旅宿资金回补450万元，立即纾困。

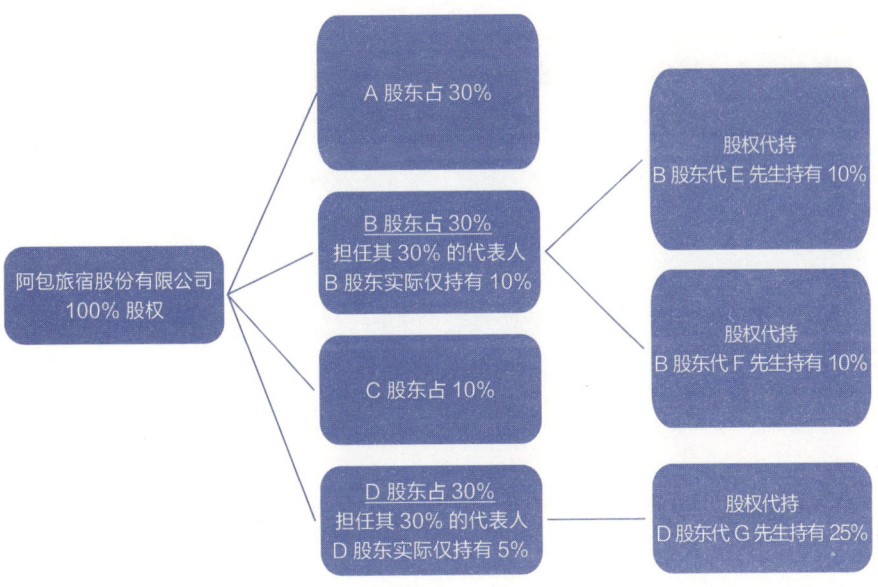

假若是在台北市新北市找老旅社来改造，可用坪数大约为200坪，其建筑成本依据风格有所不同，但若以青旅和采用"拆式装潢"，自己发小包（比起统包节省20%~30%预算），一坪的建设成本可以控制在10万~15万元上下，当然也包含预备金100万元。另外，这笔预备金也可以通过上述的股转方式以低一点的利率来借贷，在初期的压力会减轻不少！另外，若是以套房形式来估算成本，一间房间建置费用一般是100万元，当然这是指"能营业且包含公共区域的均分状态"。

以上一直在陈述资金的部分，不是我啰唆，是因为它很重要！但另一个更重要的是股东成分，记得千万不要太过复杂！因为人多手杂，所以刚刚提的股东架构到第三区块时都是股权代持而没有实质的参与权，在决议事项时维持在原先的共同创办人手上，这能加速决议和达成共识。另外，在初期选择合伙股东时，务必彼此要有共识，能被互相"利用"、互相"榨干"，出钱又出力是共同创办人必须经历的路径，没有只出钱拉板凳看好戏这事儿！

Where：开在哪里（地点选择）

为了说清开在哪里这个问题，我们要先来谈谈微型旅宿的发展趋势，什么！？你连趋势都看不到？让我来提供几个步骤给你！

STEP1：运用元搜索引擎（MSE）

我们要如何锁定某个区域来查看当地的旅宿发展情况？最简单的方式就是通过元搜索引擎（MSE）来查看端倪，何谓MSE？MSE总的来说就是一个大平台，汇集了各家OTA的价格、照片、房况，方便消费者线上选购。

但到底为什么方便呢？因为A牌有的旅宿，不见得B牌也有，E牌也有可能独家与××HOSTEL合作，但在MSE上你可以看到各式各样的价格与折扣、店家、评价与信息！

这里建议可以通过TripAdvisor，Trivago，HotelsCombined，Room77以及去哪儿来查看。其中，TripAdvisor早已获得许多消费者的喜爱，在里头可以看到大批的旅宿信息（约80万家）、顾客点评（超过两亿条）。但建议消费者们参考参考即可，许多的灌水大军也常在这些网站出没！

STEP2：走访体验，感受微型旅宿的趋势威力

除了运用MSE之外，走访体验也是可以感受到发展趋势的一种方式。一到假日，我们会发现南投日月潭、清境、垦丁、花莲、台北淡水及九份，总是有大量游客，因为需求量的呈现，导致供给衍生，而这些地方也正是微旅宿发酵之地。

你知道吗？微型旅宿的发展往往会随着3个特点前进：

√总会跟着中大型旅宿的步伐

以台北西门町为例，从以徒步区到双连站为直径的圆内，就已经充斥着460家以上的日租套房、微型商旅及青年旅馆。西门町是各类型旅馆的必争之地，往往规模型旅馆/集团的周围就会出现许许多多的微型旅宿，这有点类似于肯德基的营销学——麦当劳其实在开设新店前得经过缜密的乡野调查及营销估算，地点、商圈、可行性分析等，总之在设点的评估上花了很大的成本，但肯德基不需要，因为它可以跟着开在麦当劳旁边啊！

✓总会跟着人潮/旅潮走

说到人潮，攻略网站也可以让我们窥知一二。在攻略网站上，一些热血旅游达人分享上传他们到达某一些景点的详细信息，包括交通、美食、住宿，任何信息都可以从这些攻略中挖掘。下图是大陆知名的攻略网站统计的台湾地区攻略下载量，既然它们被下载，我们可以合理断定，这个主题有吸引到顾客群，可推测为亮点！台北、夜市、高雄、垦丁、地方美食、小镇文化……这些都可以被看成是发展亮点！这反映的是陆客的情况，若想要知道其他地区的旅潮，建议可以通过Google Trend或是MSE来做进一步分析！

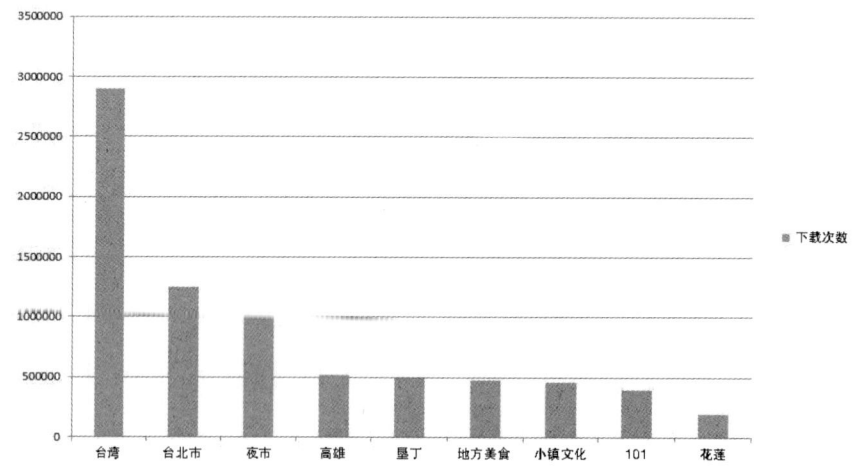

资料来源：马蜂窝 raw data，白石分析。

✓也总有"反骨"的微旅宿抢得利基市场[①]（Niche Market）

是的，就是有一些"反骨"的老板和客人啊！这些"反骨"的利基旅宿通常会出现在人迹罕至的地方，前不着村后不着店，Google Maps都没有实景的地方。但也就因为它们的地点特殊反而引起了大批朝圣者，让平常生长在城区的我们，一到假日就想往郊区狂奔，听听虫鸣鸟叫，享受森林浴！

---

① 利基市场是指企业选定一个很小的产品或服务领域，集中力量进入并成为领先者，从当地市场到全国再到全球，同时建立各种壁垒，逐渐形成持久的竞争优势的市场空间。

举例：台南南化，新竹南寮，云林古坑……虽然台湾不大但总是有这些"反骨"旅宿的藏匿之处，它们不需要华丽的广告营销，不一定要有打卡送好礼的粉丝活动，你只听说过它们的存在，它们靠的就是口碑营销，激发每个人冒险的心理。但这样的利基市场，要小心斟酌，若没有操作得当，很可能失败。切记切记！

Who：谁来做（该雇用怎样的员工，雇用多少人）

稍早提到的慎选股东，其实就是为这里埋伏笔呀！谁来做？筹备初期当然是自己做呀！千万不要还在规划时就"养"了一群人，租金装修期可能会减免，但人力的薪水支出可少不了。切记！一开始的亲力亲为是必经之路。

开业前的准备期慢慢招兵买马，切记宁缺毋滥。面试员工时别再问一些傻问题了，老板们！想知道该问什么问题？让我们往下看。

以早前提到的股东成分来举例，在规划时期，当然是4个股东都要"下海"呀！这样才能真切地理解整个对象的运作逻辑和理念，未来即便有专业经理人帮忙执行，你们也能做好传承工作。至于怎么有效"榨干"股东，可参考以下场景：

A股东有工程经验，帮忙监工。

B股东有财务经验，负责财报和记账大小事。

C股东有设计背景，所有视觉识别和软件摆设舍你其谁？

D股东有旅馆管理经验，SOP制定和招兵买马以及竞争对手调研则非他莫属。

大家还记得第三区块的那三位E、F、G先生吗？ 真巧，E先生是木工师傅，F先生是系统柜商人，G先生是家电行业者，当然这边的举例有那么点"巧合"，但实际上微型旅宿的集成，就是要通过"众筹"各位股东的技能来减少成本支出，还能为股东和被代持股东带来生意机会，从而让彼此的合作关系更加紧密，鱼帮水、水帮鱼。

开业前的招聘工作是一个难题。现在常见的微型旅宿招聘方式包括打工换宿平台、数字网-钓鱼式招聘、自媒体招聘、口碑推荐等。

所谓数字网-钓鱼式招聘就是旅宿业者在报刊上刊登广告让有兴趣的应征者来投递履历。另一个是打工换宿平台，这种模式其实有褒有贬，有人认为若打工换宿的对象是外国旅客，是否有打黑工的疑虑？但若是台湾大学生利用暑假期间做环岛行程时采用这样的方式，似乎就能说得过去啰！口碑推荐通常是通过同业或是现职员工的推荐，这样的推荐方式其实会有两种压力，股东的妹妹你用与不用都有点尴尬，你推荐去旅宿的员工捅了娄子，你尴不尴尬？

再来是征选人员的一些条件，可参考以下几点。

1. 待人有礼，个性乐观。
2. 干净整洁，提供清洁卫生的住宿空间。
3. 认真负责，确保完成每日的工作。

这些似乎都是比较笼统、抽象的条件，因此我建议在条件上应当把语言要求一并置入，还有PMS、OFFICE等系统的操作若能上手为佳。

而和应聘者约定了面试时间后，务必做一些专业性的测试，包含简单的OFFICE系统操作、模拟突发状况思考解决方式以及试探其热情度。可以通过一些问题来提问，在这里列举一些"地雷"问题供大家参考：

（可以问）之前的工作经历，大概都做多久？三个月？三年？

可以判断出应聘者以往的工作态度，还可以通过履历复查测试其诚实度。

（不可以问）为何选择Hostel？

相信我，他在家演练时已经背好了答案。

（可以问）你觉得旅行的意义是什么？Hostel、旅游和工作在你心中的地位是怎样的？若要排序你会怎么排？

通过这个问题，可以稍微判断出，他是个纯玩咖还是个负责任的小帮手。

（不可以问）若你是这家Hostel的店长，你会怎么做？

相信我，坐而言不如起而行。

How：如何做

旅宿经营怎么做？这个课题实在太广、太深。若你是菜鸟旅宿人，能快速学习的机会就是通过网络的营销模式和数字化管理加速上轨道的时间，而线下操作则可以让小帮手边工作边学习，但关于经营方向和营销概念则强烈建议自己投身进去体会。另外，和有经验的顾问团队或是同业前辈协作，也能降低重蹈覆辙的概率。

3-2
微型旅宿经营实力养成

旅宿业是一个需要用"心"经营的产业，常常看到有一些青年旅馆通过"商业模式"的复制，一家一家开设连锁青旅，到最后忘了初衷，忽略了旅人与主人的交流，也忽视了旅人与旅人间的连接。尽管旅宿业者是管理达人、旅宿活字典，但一旦没了态度，一切都是枉然。保持热情是最困难的！这也是为什么我常常提醒想要踏入微旅宿的梦想者：你是否有办法数十年不忘热情？在一切程序稳定、管家帮你打理了一切的情况下，你还是可以淡定地每天坐在公共空间和世界各地旅人交流，一如往常？微旅宿不是短线投资，你得到无形的回馈远远多于物质上的，这些都是现实面，Are you ready for it？

开店前的营销思考：比硬件设施早就过时，现在是比"梗"的时代

就如同刚刚我所说的，营销设计要先走在前头，而不是先有硬件才想软件与数据，在装潢开店之前就要先设想在这个地点、针对这个对象要用什么样的营销方式去吸引客人？以及如何长远经营？而营销设计也正是软件+数据的产物，这三大重点不是单独发展，而应该相互交叉应用。这里所说的营销设计包含了所谓的网络广告布局、社交媒体导流、未来故事及活动包装等。

营销设计的用意其实就是要找出这个对象的"梗"，而且这个"梗"不能是

固定不变的（例如：溜滑梯？！），必须是一个"活的梗"，然后去设计它、应用它并且配合之后所要提的软设计！

举个今年碰到的例子，有一个经营了36年的老旅社，一共有18间套房，店里的陈设维持在20世纪80年代，古老的电话总机、交换机、老桧木家具、奇石摆设、小瓷砖浴缸。若从投资者或建商或工班的立场来考虑，估计就会直接重算坪效、软件全扔、装潢打到剩下毛坯。但若是从营销的角度考虑，我们可以有更多方式去经营活化，赋予其故事性。就算是基于未来的维护或风险费用考量要拆除，也可保留文物、纪录，甚至能与相关的机构做赠予或典藏一部分，这不仅达成了营销目的，也完成了企业社会责任，不是双赢吗？这也是造就"我的旅宿"和别人不同的关键，比硬件设施早就过时，现在是比"梗"的时代。

在这里想跟大家分享一个硬件"梗"：电话。

电话通常都被列于一般购买清单，不会特别去选择，客人基本上也不太会碰到它。我建议可以把电话、弱电配置、电话孔这些成本都省下来，在每个房间放一台Walkie Talkie（对讲机）即可。现在的对讲机可以USB充电，可以当照明灯，可以播放广播电台，可以选择频道（例如频道1就是柜台），甚至可以让客人带出门，方便跟车时沟通或是在大卖场时联络。以摩托罗拉T5PLUS为例，最远收信距离可以达到10千米。并且现在的对讲机已经可以薄到1.6厘米的厚度，携带上和一般手机是一样方便，平时就以底座的方式放在房间内，在底座旁说明操作方式以及频道所对应的部门单位，例如频道2是房务部，当302号房的客人呼叫了："我这边是302号房，需要一条大毛巾。"房务部的所有执勤人员都能够听到这个需求，靠近302的房务员就可以就近送达，省却人员指派时间。将电话换成对讲机，更能形成顾客记忆点。你说，这样是不是不只省钱，还能达到营销目的。

培养长久经营与实力养成

这一节我们来讨论一下"实力"和"长远经营"这两件事。实力有内、外两种表现形式,对外是有好的顾客回馈,被消费者所喜爱;对内则是有系统的标准作业程序和有方法的营销业务模式。长远经营可以当成在市场多数竞争对手业务趋缓的状况下你还是可以维持不错的每间可售房收入RevPAR。

旅宿是一个以提供服务为本质的行业,所以它的产品演化最核心的就是服务。但所谓的服务不论是接受方或提供方,它们都是比较偏向主观的,大家心里都会有个服务标准,每个人的观点不尽相同。对于微型旅宿而言,贴切的服务是赢得消费者的一大主因;而关于内部的营销业务模式,很多经营者是服务导向(Service Orientation),这当然没有什么不好,服务是核心,但胜出关键往往在于营销手段。现在台湾旅宿经营者是营销导向(Marketing Orientation)的比例仍然偏少,这是因为除了要有好的RMS(营销管理系统)之外,业者本身也必须培养市场敏感度和判断力来加强旅宿营销战斗力。而在这之前,你是否了解你的旅宿,并以此为基础去探察和判读市场状况?

什么是你旅宿的卖点?设备新颖?地理位置绝佳?主题鲜明?

什么会成为被客人称赞的部分,设施、餐厅还是交通便利?

为什么消费者会选择你的旅宿,奢华、服务棒还是价格划算?

一旦你开始探询这些问题的答案,你会慢慢发现自己旅宿的优势与地位,这里要来透露几个小妙招给大家。

1.分析旅宿客源结构

客人多属于散客、会员客人、公司签约客人还是旅行社团体？这在刚刚"What：你的对象是谁"中有提过，了解客源结构就能预估淡旺季来调整价格，但哪些时段不可以调价？

记得要以旅宿的最大利益来当判断的出发点，简单说就是把自己当成老板。能卖2000元的状态下绝对不卖1800元！找出可以抬高价格的空间，通过贡献度、平假日的客源结构来慢慢调整客源和价格结构。

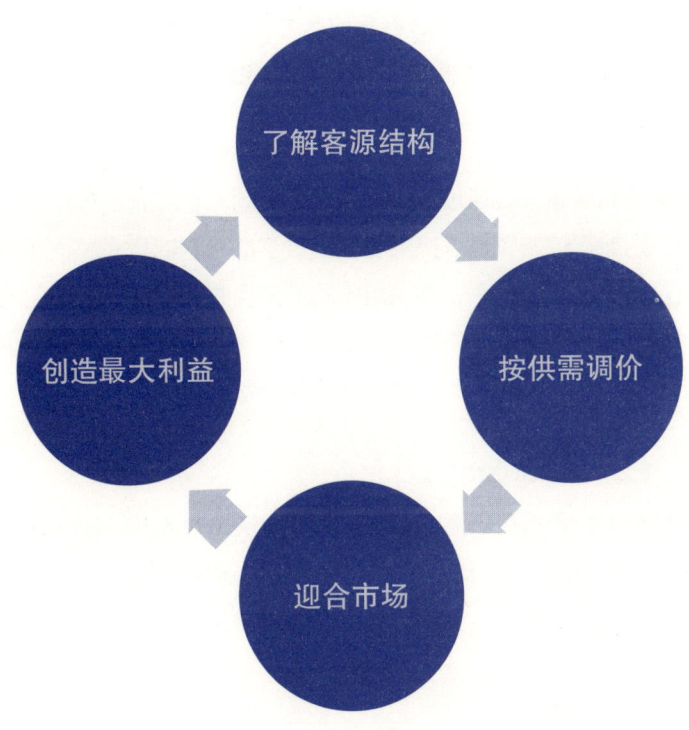

2.心理价格

调价的过程要使用"无痛技术",可以利用一些优惠方案来粉饰,简单举例:

阿包商旅现在假日一晚卖2000元,但希望下个月开始收入能至少实现20%的涨幅,那么这里我会建议,将定价调成3000元,但设定8折的折扣率,如此实收则是2400元,涨幅符合业主期待,折扣的字样也让消费者有了小确幸呀!

还有另一种无痛涨价模式,就是把购入的门槛拉高,例如:

阿包商旅现在假日一晚卖2000元,现在变成2850元,但提供两份免费晚餐。这样一来,把餐饮成本扣掉,客房收入也尚有2400元,消费者端也会认为一样是2000多元,但省却了找晚餐的麻烦,印象值瞬间拉高。这里的重点就是让消费者的心理落差不要太大。

收益管理背后的概念是通过定价的差别来有效地管理收益和库存,对市场和客人的细分,为旅宿控制资源、提高收益提供了准确的信息来源,对不同类别的客人需求进行相对准确的预测,并采用不同的预售方法和价格差异化的控制,让风险减少。而它的基础是细分市场的需求弹性,不同类别的客人的需求、可接受价位和消费特性也有很大的不同,因此其消费行为模式也不一样。

3.超额预定（Overbooking）

何谓超额预定？通常在高需求时,住房率很快就会飙升,往往订房组在这时候就会提早将OTA关房,但我会建议必须要避免这种行为。在优惠活动和市场没有太大幅度变动的状况下,我们应当通过历史数据来概算出一个数值,适当地超接订单。

看到这里应该很多人觉得Bob你是不是疯了！到时候超接引起的客户投诉、

转房成本、沟通成本等都会是棘手的问题。

没错！所以必须"适当地"操作，首先要确认入住订单、费用是否全额收到，没收到全额的房客，可以提早发出Welcome Letter试探看看客人是否要取消订单？团体是否已经收取费用？房型是否需要调整？找找看有没有空房？等等。这通常被叫作"清房"。关于Overbooking一般在业界尚有如下公式可以参考（可配合历史数据使用）。

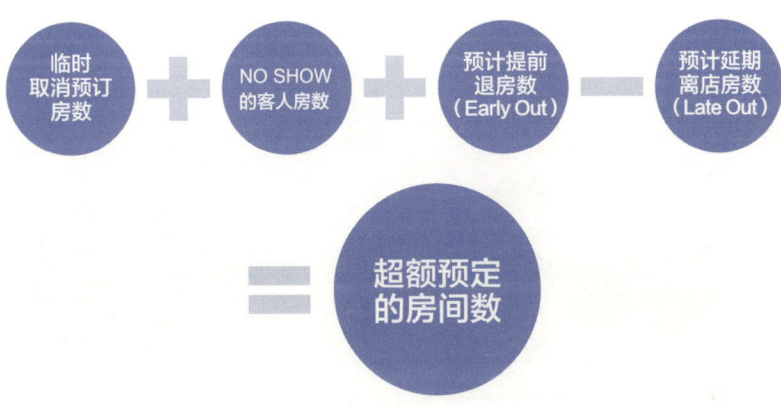

4.操盘OTA

这也是下个章节的重点之一，了解市场环境，明确自己的目标市场在哪里，再利用OTA的流量优势，配合各式的曝光形式，再经过营销渠道的预热，一家新的旅宿一般通过OTA洗礼能在三个月内有明显的增长，知名度肯定也能够渐渐提高，以下Bob用四个图片来解释苦尽甘来。

5.经营状况分析与追踪

定期的经营报表可以利用PMS、RMS或是Channel Manager帮助分析。而如何帮自己做旅宿分析报告？基本上就要用到所谓的内部数据，通过数据采集来一一分析！

简单说，这个分析报告分为日报表、周报表和月报表，Bob罗列成以下图表，建议业主通过以下的报表模式让现场操作的人能够更了解自己的产品发展与优缺点，期许达到"共同目标"。

```
每日    基准化分析①  >  价格  >  表现
报表
```

```
每周    价格 > 评论 > 网站 > 表现 > 基准化
报表                                  分析
```

```
每月          表现
报表    网站  社交媒体  > 评论 > 基准化
                                  分析
```

另外，关于每日报表的部分，若PMS没能筛出一些日常数据，可以利用Google EXCEL，在关账前上传房况和房价，如以下的范例：

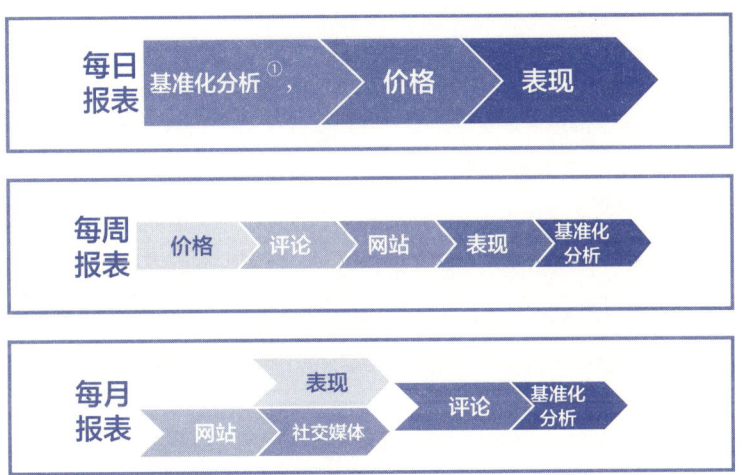

	A	B	C	D	E
1		11月1日	11月2日	11月3日	11月4日
2	实际入住套雅房	13	15	10	17
3	故障套雅房	1	1	1	0
4	员工用套雅房	1	0	0	0
5	招待套雅房	0	1	0	0
6	套雅房住房率	86.7%	100.0%	62.5%	100.0%
7	实际入住床位	17	20	38	33
8	故障床位	0	1	0	0
9	员工用床位	1	0	1	1
10	招待床位	0	1	0	0
11	床位住房率	43.6%	52.6%	97.4%	84.6%
12					
13	实际入住套雅房 ADR	2100	2110	2300	2430
14	实际入住床位 ADR	700	740	690	700
15	实际入住套雅房RevPAR	1820.0	2110.0	1437.5	2430.0
16	实际入住床位 RevPAR	305.1	389.5	672.3	592.3

---

① 基准化分析法（Benchmarking），将本企业各项活动与从事该项活动最佳者进行比较，从而提出行动方法，以弥补自身的不足。

旅宿经营关键公式

旅宿业本身也得审慎地定期检查产品与服务品质,例如定期的硬件翻修,落实服务细节SOP,提升软件性能,都是增加竞争优势的好办法。

假若你是一个旅宿梦想者,强烈建议必须事先了解当地旅宿现在与未来发展状况、市场属性、目标市场,更要了解地方政府的观光推广计划,毕竟整体而完善的软硬件措施与营销推广计划才是吸引旅客不断造访的关键因素。

我们可以通过以下的一些计算公式来衡量自己的发展状况。

1.已售客房平均房价(ADR:Average Daily Rate)

ADR=客房总收入/客房出售总数

平均房价的高低直接影响饭店的收入,而影响ADR变动的主要因素是房价、客房出租率和销售客房类型结构(床位/套房/家庭房),这其实是Bob和业主第一次见面时常常会提到的问题。知道一家旅宿的ADR就能去估计出它的目标客群和竞争对手,这个数字颇为重要,但往往也有很多人(业主、投资客)会出现失误的地方。

举例来说:

老板A:哈哈哈!我的民宿ADR这个月是3000元!很厉害吧!哈哈哈!

老板B:哇!我的才2000元,但我住房率是90%,你的住房率呢?

老板A:耶?这我倒没注意到……

假设老板A的住房率只有20%,试算一下给大家看看:

A:共10间房,总收入:10间×20%×30天×3000元/(间·天$^{-1}$)=18万元。

B:共10间房,总收入:10间×90%×30天×2000元/(间·天$^{-1}$)=54万元。

老板B大胜!

2.入住率（OCC：Occupancy）

入住率是指某一特定时期实际售出的客房数与可售房数量的比率。

OCC=实际售出客房数量/可售房数量×100%

在上一个ADR的例子中有提到入住率（OCC），入住率能够看出你的旅宿的"受欢迎程度"，当然，OCC和ADR是相辅相成的。举例：

我有10间房，今天入住的有3间，续住的2间，故障房1间。

那么我今天的入住率会是：（3+2）/（10-1）×100%=55%

是的，故障房不能算入，因为分母是"可售房数量"，是不是很清楚能理解了呢？

3.平均客房收益（RevPAR）

平均客房收益（RevPAR）等于客房收入除以可售客房数。RevPAR不同于ADR，前者的分母是可售客房数量，后者是实际售出的客房数量。

RevPAR= 入住率（OCC）×平均房价（ADR）

或

客房收入/可供出租客房数

我们再以老板A、B来当范例，算算他们的RevPAR：

老板A：20%×3000元=600元

老板B：90%×2000元=1800元

从投资人角度来看，老板B的RevPAR就不错啦！

RevPAR的主要效用是比收益率（Earnings Yield = Net Profit/Market Cap）更能体现估测投资回收的能力，使用RevPAR在旅宿之间水平比较，可以让旅宿做好市场、战略定位。如果RevPAR逐年走低，说明旅宿的经营能力在下降，硬软件可能需要改造，经营必须创新；如果数值走高，说明在住房率和平均房价上仍有潜力。

4. 转换率（CVR: Conversions Rates）

$$CVR = (转化次数/点击量) \times 100\%$$

CVR的计算可以用在广告营销上，但若用在旅宿端，我们可以把转化率当一个分析标准，举例其算法：

今天有100个消费者点进我在Booking.com的房间，但是实际收到的订单却只有1笔，这个CVR就是1%。是不是很简单呀？

也就是说，CVR越高就越有利，但若不高，我们要反思，为何不高？是不是点进来后，客人不满意我们的价格？不满意照片？不满意地点？还是没有适合的房型？

我们可以通过CVR来反省自己，也可以通过一些A/B测试（A/B Testing）[①]来找出问题。

5. 投资回报率（ROI: Return On Investment）

投资回报率（ROI）是指通过投资而返回的价值，企业从一项投资性商业活动的投资中得到的收益回报。它涵盖了企业的获利目标。利润和投入经营所必备的财产相关，因为管理人员必须通过投资和现有财产获得利润。

我们在投资一家旅宿或是要测算一家旅宿的回收成本时，必须考量到这个公式，因为它可以看出这家旅宿的综合盈利能力：

$$ROI = 赚到的钱/投入的本金 \times 100\%$$

或

$$年利润或年均利润/投资总额 \times 100\%$$

举例来说，Bob花了50万元买了一块沛纳海的手表，买回家后拿到网络上卖70万元，并且还真的成交了！那这交易的ROI就是40%（20万÷50万×100%）。

[①] A/B Testing的用途是测试多种版本的网站编排，让网站的设计者或经营者能通过对不同版本的网站排版方式的分析来测试哪一种最能达到目的，包括购买、注册、点阅及下载等不同的目的。

OTA 秘籍破解，
HOLD 住你的微型旅宿。

现代旅宿一定要睁大眼睛认真研读线上营销。就像前面所说的，现在已经不是发发传单、在旅宿外放个"有房"招牌就能了事的年代，不了解线上营销可能永远就如招牌一般永远"有房"。这个章节我会带领大家进入网络世界，网海无涯，大家抓紧啰！

Chapter 04

微型旅宿的 O2O

线上营销制胜关键

4-1
OTA 线上订房大破解

这一章希望能让大家更深入体会O2O的旅宿世界,也让大家不要只听到OTA就又爱又恨,而是要能活用它!善用它!利用它!

首先让我们解构一下所谓的OTA是什么?OTA除了是一个线上的旅行社,它还具备了线下旅行社做不到的一些额外功能,准备好要开始加入我们OTA列车的行列了吗?让我们往下看。

微型旅宿小字典

1. OTA:线上订房平台(Online Travel Agency),是旅游电子商务行业的专业术语,这个词大家已经非常清楚。OTA的出现将原来传统的旅行社销售模式放到网络平台上,更广泛地传递了线路信息,交互式的交流更方便了客人的咨询和订购。

主要的五家:ABCDE(agoda、Booking、Ctrip、Double E<eLong & Expedia>)。

2. MSE：元搜索引擎（Meta-Search Engine）是一种调用其他独立搜索引擎的引擎。"元（meta）"为"总的""超越"之意，元搜索引擎就是对多个独立搜索引擎的整合、调用、控制和优化利用。我们以TripAdvisor为例来解释一下它的运作逻辑：

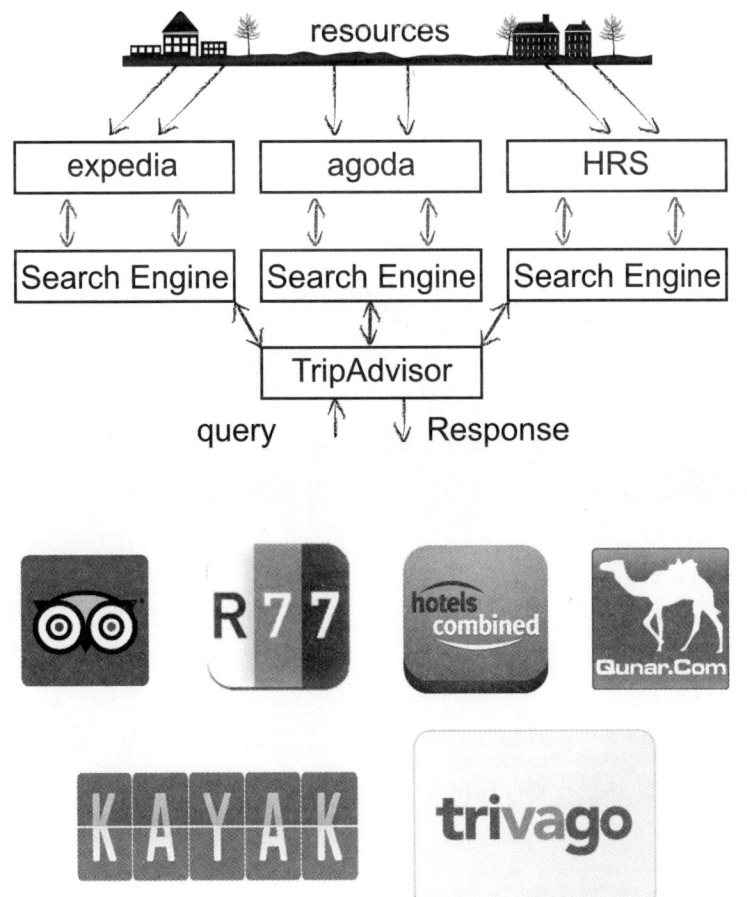

有比价功能的旅宿房价搜索网站：TripAdvisor、Room77、HotelsCombined、去哪儿、Kayak 和 Trivago。

3. UGC：用户原创内容（User Generated Content）。UGC是伴随着以提倡个性化为主要特点的Web2.0概念兴起的。UGC并不是某一种具体的东西，用户既是受众又是传播渠道，是一种用户使用网络的新方式，由原来的以下载为主变成下载和上传并重。YouTube、Facebook、MySpace等网站都可以看作是UGC的成功案例，社区网络、视频分享等都是UGC的主要应用形式，另外还有直播平台，如17直播，也是UGC之一。

简言之，这个平台基本上没有内容提供，靠的是使用者互相创造内容。例如以下3个平台，猫头鹰（评论）、脸书（社交）、穷游（游记）。

4. O2O（online to offline；offline to online）：这是指凌驾在前面三点之上的体系。

客人在线上订房去线下体验入住（online to offline）；线下的青年旅馆拿到线上的订房平台销售订单（offline to online），如下页图所示。

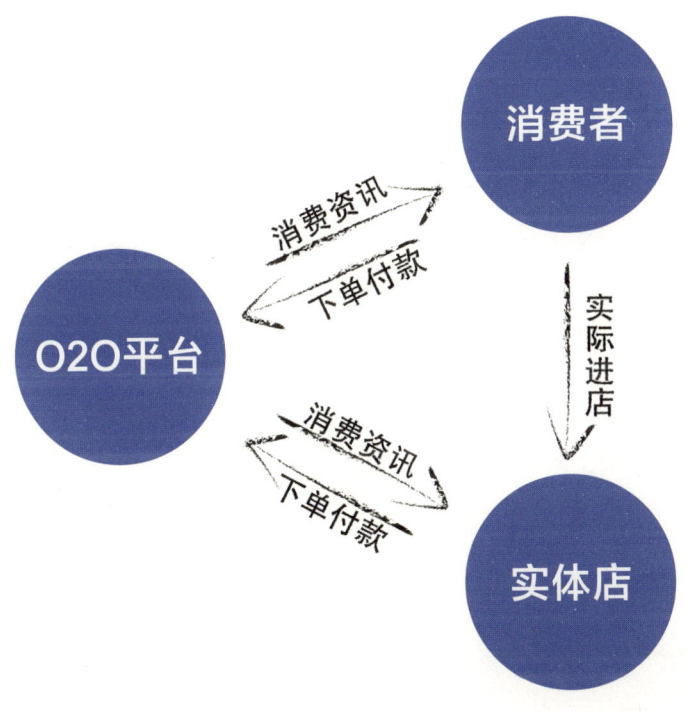

初次见面！OTA

有很多人问我："Bob！官网用得好好的为什么要使用OTA？而且OTA的抽佣那么多，岂不是赚来的钱都白白送人了吗？"但其实我们应该这样思考：在微旅宿的产业，可能因为成本、人力、物力的限制，我们没有额外的PR（公关）经费或专业经理人操盘控制，我们可以倚赖的是现成的曝光机制，而OTA就是最好的一个选择，它帮你带来FIT（自由行）的客人，你甚至可以启用"询问单"的模式来"挑选"客人，每家OTA都会有不定期的曝光活动，通过B2B的模式免费帮你打广告（虽然佣金还是得被抽）。

但在我这么回答时候，不是要我们就把旅宿的主导权交给OTA，毕竟现在是你在开微型旅宿，而不是其他人啊！OTA能载舟亦能覆舟，过度的依赖，不见得是件好事，我们要学习有效利用它。

现在OTA那么多，该怎么选择呢？

就如我一开始所说的，可以先从主要的五家——ABCDE（agoda、Booking、Ctrip、Double E<eLong & Expedia>）开始合作。

除了这基本的五家之外，以下这几家也很适合微旅宿的业者来经营：airbnb、ratestogo、Hostels和Hostelworld。

接下来，申请手续也十分简单，各家OTA可以通过官网的联结申请合作。

在申请之后，我们要明确OTA担任的角色位置：OTA基本上是一个垫脚石，帮你把潜在的旅人领进门，而旅宿业者要做的是留住这位客人，让客人下回入住时通过官网订房，抑或是帮你做口碑宣传时推荐你的官网订房。

我会建议一家新的旅宿在初期尽可能地与ABCDE合作，别担心佣金！但对旅宿的特色描述等，要有自己的想法，不要套用OTA的制式规格。妥善处理各家OTA流程，学习良好控房习惯，亲力亲为是重点。

熟悉各个后台接口且正式开卖之后，旅宿进入成长期，可活用OTA的专案设置、附加费设置等功能来增加营收。例如，请OTA的窗口帮忙申请white rock订房网站，了解收费、收单流程，选一个你喜欢的模式，把这个免费的订房网站挂在粉丝页或是Wechat等社交媒体，方便客人预订。

每家OTA都会定期或不定期地发出电子传单（EDM：Electronic Direct Mail），当然必须要配合一些专案活动才能够参加，不管什么样的活动，只要不触及底线，尽量去做吧！

在成长期间订单会越来越多，很多东西都是在做的过程中学习，总会手忙脚乱，超接订单，纪录错误的订单信息。客人突然出现在你面前说有订房，但其实今天早就客满，这种事件会不断发生，这时候可以开始考虑使用分销管理系统（Channel Manager）。

一旦有了分销管理系统，你就可以好好地喘口气，花更多时间处理营销与庶务上的工作，接着准备进入成熟期。但请切记，在成长期要不厌其烦地去关心你的客人，并且贴心地告知他，以后订房其实可以通过官网直接预定或是"下次要订房，直接打电话给老板，我给你优惠价格"，把OTA客人变成你自己的回头客，最后，提供名片或二维码给客人，甚至把客人加入你的微信或LINE的好友，吸收成为"未来自来客"。当这一步你也做足了，恭喜你，你"翅膀硬了"！

若发现你的OTA订单量下降，而官网订单量上涨，表示你已经成功了一半，可以开始放慢OTA的步伐，把重心放在官网经营上。

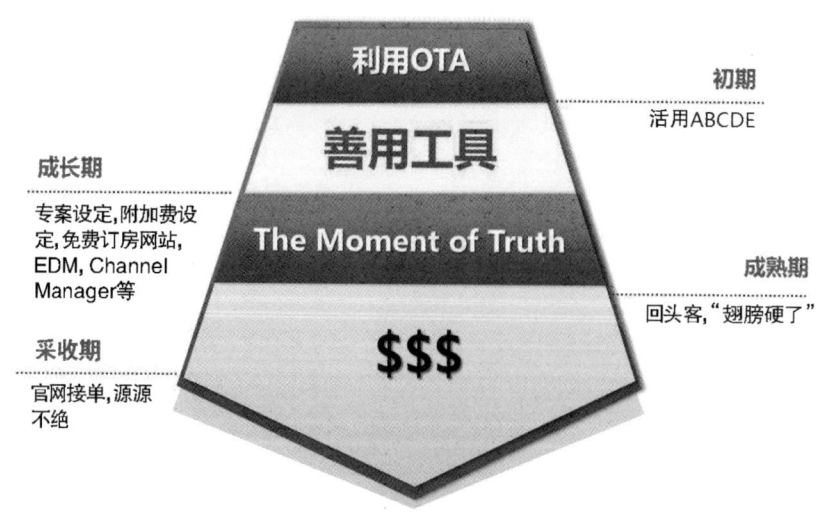

善用分销管理系统（Channel Manager）

人力是微旅宿最头痛的一点，若有10个房间则最多配备三位管理者，另加上PT（兼职）的房务清洁，若要再控房，这往往会是最容易失误的症结点。假设我们只跟ABCDE这五家OTA合作，意味着我们有五家后台需要管理，五组账号密码要轮流登录，再加上自家的PMS，共六个后台需要控管，下面这样的状况就会经常发生：早上7：00管家在厨房煮早餐，此时电话响了，管家接到了12月31日入住双人房两间的订单，没办法登记到PMS，只好写在餐巾纸上，塞在口袋内；与此同时，101号房客人急着退房，又需要协助呼叫出租车服务，早班的同事及时赶到，立马协助安排出租车并送走客人；这时，早班同事收到了通过EMAIL预订的12月31日入住的双人房两间，早班同事马上确认有房并且登记到PMS中，但悲剧还没结束！五家OTA上还没有关闭房源。

这样的剧情每天都在上演着，尤其发生在高需求（High demand）的法定节假日。OTA能帮你带来更多的订单，但业者有没有"能力"接受，那又是另一种状况啰！

所以这里要介绍管理OTA的好工具——Channel Manager，这套系统是所有OTA爱好者的"神器"！刚刚提到若你有五家签约OTA，意味着当天若已经客满，你必须一一登录这五家后台，逐一关闭房源，效率不高，而且会增加错误发生的风险。这时就需要Channel Manager，简单说这个分销系统即是所有OTA的管家，你只要针对这个管家，下令开关房的日期，它能够一次性帮你搞定！市面上Channel Manager的品牌包罗万象，但值得庆幸的是很多品牌是按照总房间数来收费，对于房间数少的微旅宿业者无疑是个好消息啊！

搜罗了一下Channel Manager品牌如下：Fastbooking、eZee、Myallocator、AccuBook、TravelClick、RateTiger、Hotel Nabe、SiteMinder。

Channel Manager能够将产能最大化，还能减少错误的发生。控房不得当会影响整个住房率及总营收，必须审慎。

因此Channel Manager的运行逻辑是这样的：老板打算在10月1日开放10个房间给OTA去做销售，于是对Channel Manager下了10月1日房量10间的参数，Channel Manager会通知所有OTA开放10间房于10月1日，假定下一刻从Booking.com进了一张10月1日的订单，Channel Manager会立即回推给其他家OTA并通知房间数量改成9间。这是不是很神奇？言下之意就是说，若跟Channel Manager合作就能够让OTA同时帮你卖房。但也有些业者会问，我合作的OTA就那5家（ABCDE）呀，Channel Manager能链接250家，对我来说没啥帮助耶！

这种想法是错误的！既然这些Channel Manager可以链接250家OTA，那就放手去跟OTA签约吧！1个房间有250个市场、250个品牌帮你曝光、帮你销售！何乐而不为？只要佣金负担得过去，我相信多签OTA是毫无害处的，尤其在Channel Manager这神器加持下，价格、房量、优惠都可以统一管理，节省了时间和人力耗费，真的可谓是微旅宿业一大利器啊！

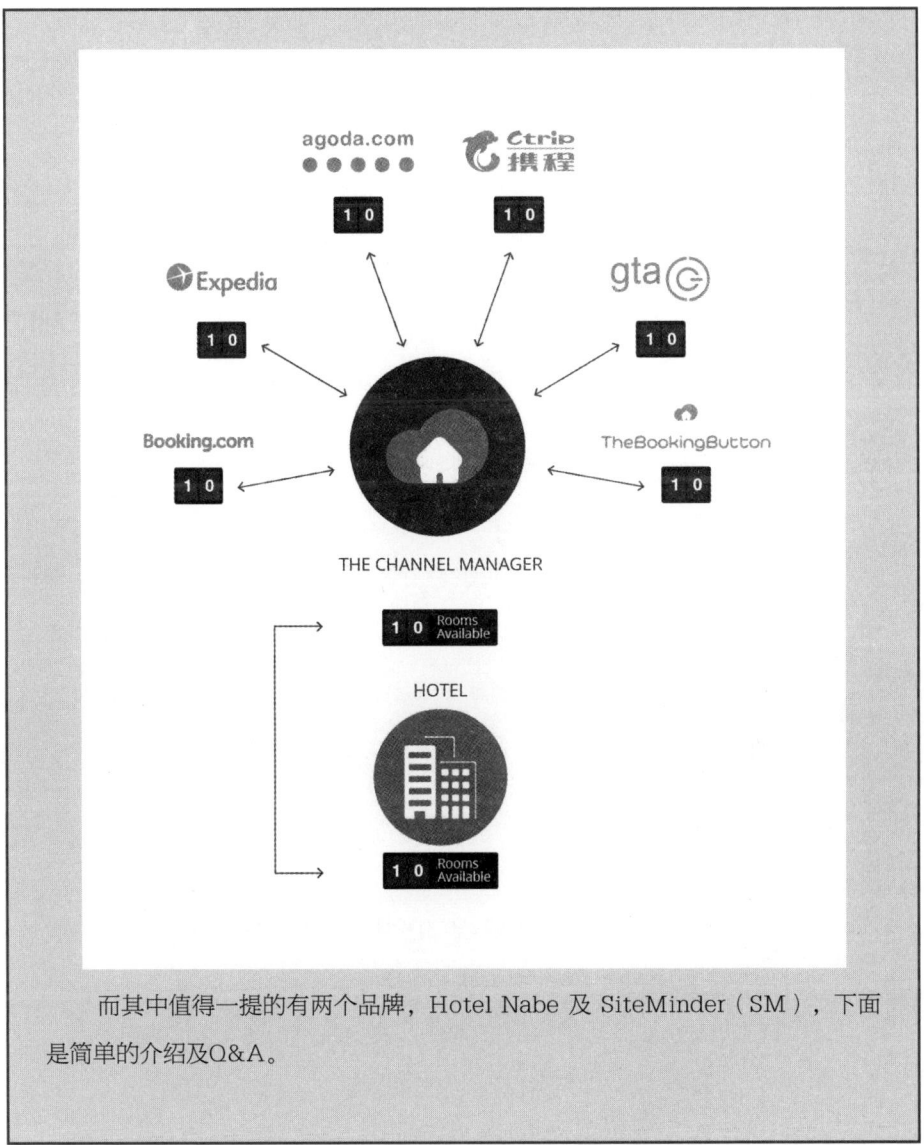

而其中值得一提的有两个品牌，Hotel Nabe 及 SiteMinder（SM），下面是简单的介绍及Q&A。

Hotel Nabe是台湾Channel Manager的先驱，是2014年旭海科技打造的唯一中文分销管理系统。其特点如下：

- ✓ 按房间数量计费，月缴费用。
- ✓ 可链接的OTA较多，包括SM上没有的台湾当地OTA。
- ✓ 全中文接口，独家中文客服。
- ✓ 提供可分析出各家OTA表现的详细报表。

Q&A

Q1. 可以简短介绍一下Hotel Nabe吗？

旭海科技开发的Hotel Nabe Channel Manager于2014年上线，是华人地区第一套自主开发的纯Channel Manager系统。与国外相似系统比较起来，除了具备全中文接口的优点外，由于开发公司有长期经营本地饭店订房系统的经验，在系统操作流程上更加符合本地区中小型饭店订房人员的使用习惯，所设计的接口也较为简便。

Q2. 既然Nabe是台湾自土开发，那它可以链接台湾PMS吗？

可以，可链接的PMS系统包括金旭、灵知、森福德（民宿管家）、冠全、国泰、艾瑞克等。

Q3. 可链接的OTA除了agoda、Expedia、eLong、Hotels.com、ezhotel、ezfly、淘宝网，是否还有其他选择？

还可链接旭海科技线上订房系统的服务，并链接非传统网络销售的渠道，如7-11 ibon、全家便利商店Famiport、Payeasy等。

SiteMinder（SM）来自澳洲，创立于2006年，目前有将近16000家业者正在使用SM且遍及160个国家，目前台湾的使用者也渐渐攀升，它的特点如下：

✓ 按房间数量计费，月缴费用（Pay as you go）。
✓ 可链接的OTA单体数量高达250家（ABCDE可以、TripAdvisor也可以），PMS则可以到达120家。
✓ 传输速度快。
✓ 提供可分析出各家OTA表现的详细报表。

Q&A

Q1.现在使用Channel Manager的旅宿越来越多，从成本上考虑，微型旅宿是否适合？预算是否会太高？

当然适合。SiteMinder了解微型旅宿的成本考量，特别在价格分区上是以房间数来做区分，让少间数的微型旅宿也能享用大饭店的规格。

SiteMinder相较其他的Channel Manager有着更卓越的稳定性，并与更多通路认证的双端（Two-way）连接，更是在个资上做了PCI DSS（第三方支付）的认证，替饭店避免个资风险。另外，SiteMinder的server联结是由Amazon Server来做的，以确保更稳定、快速的资料联结。

Q2.多数微型旅宿有使用PMS，且大多都是中小型的PMS品牌，SiteMinder可以和PMS连接吗？

SiteMinder不断积极地与各类PMS合作，协助饭店节省人力。除了和知名的PMS品牌合作以外，我们也在跟小型旅宿PMS配合，以便提供更多选择给饭店。

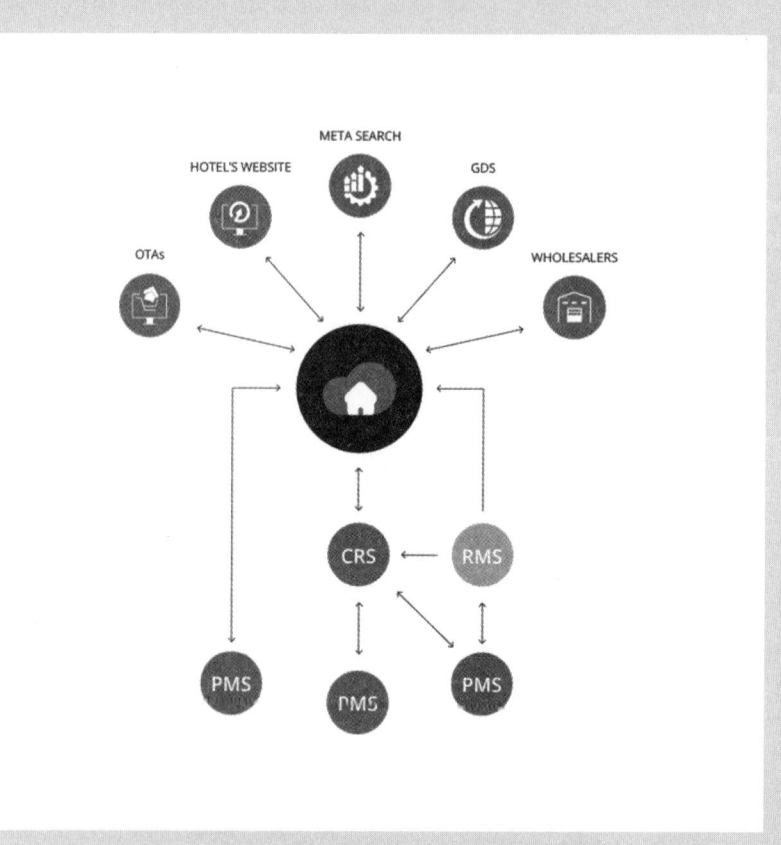

可以在SiteMinder网站上看到与我们目前已有合作的伙伴，将来会有更多新的合作伙伴。SiteMinder也有提供前台操作系统 Little Hotelier，主要为微型旅宿提供一个简单好上手且随时掌控的APP功能，让大家可以随时掌控饭店房况。

Q3.相信SiteMinder掌握着很多的数据，大家都很想知道。从SiteMinder进单数量来看，尤其台湾，有没有TOP10 OTA排名名单？或是排除ABCDE后，你们有没有推荐给旅宿业者使用的OTA？

除了大家耳熟能详的ABCDE之外，还有HotelsCombined、HRS、Hotelbeds、GTA等，而且我们也在积极地与香港的大旅行社合作。

Q4.常听到有人说One-Way和Two-Way，可以帮忙解释一下两者的异同及优缺点吗？

One-Way就是SiteMinder替你把房间数量通知到合作OTA。

Two-Way就是当OTA帮你把房间卖掉之后，它会再通报给SiteMinder自动扣除卖掉的房间数。

只有Two-Way才能够真正做到有效率的OTA管理，各平台要能够同时知道订房状态，才能在全力卖房之余，避免爆房风险。

知己知彼，百战百胜：利用OTA看这里！

接下来再来分析一下对于微型旅宿而言OTA的优缺点：

先来说说优点吧！首先，软件的部分，在早期免费PMS还没诞生前，我总会建议各位业者把OTA的后台系统当作自家的PMS。假定今天我们把艺龙网当作自己的后台，业者只需把所有的房间数量推送到艺龙网，以它为主要工具，有客人向你预订12月31日入住的双人房一间，此时业者只要直接打开艺龙网的后台（有APP版本）在12月31日下扣除一间房量即可，这就是最简便版本的PMS，这是OTA可以弥补我们软件不足的地方。

然而，OTA也有不足之处，曾经有位垦丁的民宿老板分享给业者如何避免来旅宿办派对的客人，例如从客人的音调、礼貌性、来电时间、电话背景音以及关键问题（如管家是否会同住在民宿内）等来判断。但很可惜，通过OTA订房的此类客人就无法被过滤掉，必须全盘接受，少了前线的筛选，后头发生问题的风险当然也会增加。但身为一家旅宿的经营管理者，克服这些客户投诉或相关问题都是必备技能，就当作是"压力特训"吧！

谈到好佣金

当我以OTA的身份来跟旅宿业者签约时，有85%以上的业者把佣金视为最重要的合作事项。对于微型旅宿的老板们来说，本身的平均房价（ADR）已经不高，再加上动辄10%~25%的佣金（房间数70间以下的抽成通常在10%~18%），乍听之下的确会让人却步，但是在不愿意配合OTA前，请先问自身几个问题：

1.有没有专业的PR能够做到有效曝光？

2.有没有办法通过自己的营销模式让住房率达到九成以上？

3. 有没有能力通过自己浮动房价（Floating rate）模式，使产能（Production yields）提高？

4. 所有的付款模式你都可以接受？PayPal、支付宝、银联卡、AE卡、蓝卡等。

当然，若是以上的问题你都能够做到，再精算一下，做到这几点要耗掉多少成本？所耗成本是否高于房价的15%？

而就算做不到以上四点，但就是心态上放不开，不想让OTA赚这佣金，该怎么办？那我会建议，换个角度想想，假定佣金15%，OTA帮你卖出去一间房，是帮你赚了85%的房费，因为客房本身有不易储存性（从利润管理层面来说），过了午夜12点就是损失，在线上营销的时代，我们不能漏掉任何一个接单机会，越多渠道帮你卖房，损失就越少。

定个自己和顾客都能欢喜接受的好价格

长远经营要以活用收益管理为前提。收益管理指的是利用不同时段的价格差异和折扣分配实现收益最大化的管理模式。

举一个最简单的例子：飞机上同等舱位的两个座位，这两位旅客却付了不同的价格，这就是航空公司的收益管理策略。

而旅宿业更适合收益管理：在适当的时机，以适当的价格，通过适当的销售渠道（如OTA），把适当的产品和服务，提供给适当的客人。

销售渠道只是一个工具、一个跳板，重点是要为客人和旅宿创造价值，为消费者和销售者在这个渠道上形成良性交互，最关键的是要有人活用收益管理策略，结合渠道的特性来做营销。懂得收益管理的经理，应该懂得什么时候该拉高价格，什么时候该砍低价格。

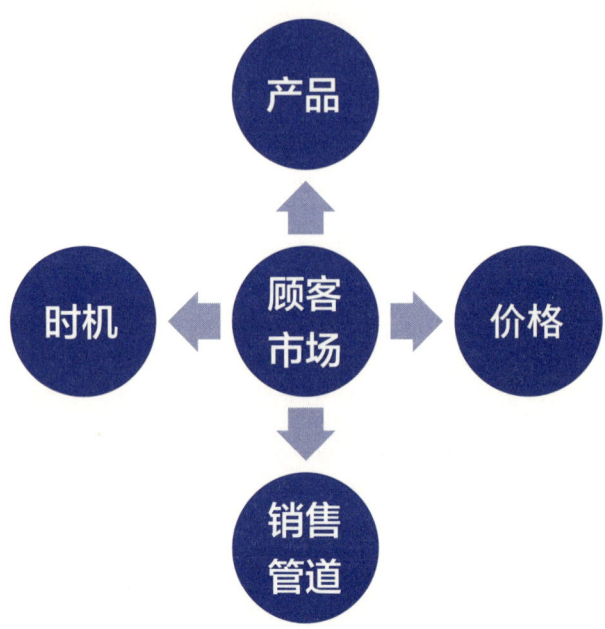

"价格要怎么设定？"这应该可以列为我收到的问题的TOP3吧！下面两个表格是我经过多年经验累积总结的快速定价法。

	标价定位	说明	价格（单位：新台币元）
1	官网净价	业者每间房的实际收入，无论如何不能低于此价格	1000
2	官网卖价	只给自己官网的卖价（平日）	1000÷0.7=1429
		只给自己官网的卖价（假日）	1429÷0.8=1786
3	OTA 卖价	只给 OTA 的价格（平日）	1429÷0.8=1786
		只给 OTA 的价格（假日）	1786÷0.8=2233
4	OTA 5 折卖价	OTA 做折扣（平日）	1786÷0.8÷0.7×0.5=1594
		OTA 做折扣（假日）	2233÷0.8÷0.7×0.5=1994
5	B2B 价格	机＋酒模式，此为底价	1000÷0.7÷0.8×0.95=1697×（1－佣金比例）
6	超高需求日价格	无特定标准	2233÷0.7=3190

价格（单位：新台币元）		官网	OTA	OTA 5折	B2B	超高需求日
平日	设定价格	1429	1786	1594	1357	3189
	扣除20%佣金后价格	1143	1429	1276	1086	2551
假日	设定价格	1786	2233	1993	1357	3189
	扣除20%佣金后价格	1429	1786	1594	1086	2551

当然，这是一个方向，实际定价得按照需求法则来微调，但从"包式定价法"不难发现有几个原则：

1. 老板们必须先考量成本，知道自己至少要回收多少钱。

2. 官网比OTA便宜，也就是所谓的价格区隔。

3. 注意到了吗？各家OTA都是一样的价格。这也是各家OTA一直坚持的均价/均量概念，而且OTA的抽佣不论是10%或20%（微旅宿不会到25%），都可以合作，因为都能符合你的成本。假设你初期想要增加曝光度，若OTA有调高佣金赚名次的功能，你也可以尝试调到20%，不用担心。

4. OTA折扣则可依你的活动折数去调整，置顶五折！

5. 最后的B2B（企业对企业）部分，一定得和你的OTA对接人员确定，该价格仅限于一些业界内部的合作，不得放于B2C（面向顾客端）看得到的任何平台。

价格之外，关注顾客市场更是另一重大课题，除了前面提到的需求预测，还要根据顾客来源来适时供给特定产品。

简单说，我们可以按照各地来台的高需求日期来调高价格（供需原则），例如：在大陆黄金周（指的是国庆节假日，10月1日到7日）、日本黄金周（4月底至5月初）期间，针对个别的市场，可以适度调高单价及增加取消门槛难度。这些特定顾客市场必须做特别规划。按照浮动房价（Floating rate）的操作，增加收入，实现收益管理的原则。

而关于产品部分，包含服务、房间及附带专案，可以因地制宜。例如，日本客人多数喜欢浴缸或双床房型，我们可以依此需求来供给；商务客人搭配免费随身4G ROUTER、外地客人提供接送机服务等，这些都可以让自己的微旅宿更加多元化。而管家的语言能力当然也会是培养客户群很重要的因素之一喔！

当然，若这些收益管理你都不知道，询问你合作的OTA平台，他们手上都有丰富的相关资料，而且通常这些平台都会主动告知这些市场信息。

Bob 小提示：

上传内容是否正确？这其实会被很多业者忽略，其内容包括地理位置、热门区域（POI）、交通位置、照片、简述、设施设备与取消规定等。一些以代销模式销售你房间的OTA往往会发生一些技术性的障碍，如把地理位置标错，所以建议你一家家进去查看，免得引发纠纷。另外，POI和交通位置也可以和OTA沟通，以你的需求来客制化，例如：Bob在八里渡船头旁边开了一家Hostel，Bob会去和OTA沟通把POI设置在淡水老街、淡水渡船头，原因是淡水的搜索次数远远超过八里，而Bob的Hostel却刚好就在这分界处。至于简述，也可以按业者的需求去修正而不是只做程序化的介绍。

最后：照片很重要！照片很重要！照片很重要！重要的事说三次！

照片像素要高，角度要客观，取景要专业，而设施设备的有无要重复确认。没有SPA（水疗服务），OTA上却出现SPA？这还真的常常发生，工作人员的手误会造成这样的错误，建议业者要一一检查并去补充，取消规则也是同样的道理。要确保和我们合约里的条件相符，抑或是和当地法规没有冲突。

运用OTA达到有效的曝光

讲到曝光一般人可能就会想说：那我来买个广告吧！通常微旅宿的自费广告是通过本土平台所购买的广告横幅（banner），或是FB粉丝页的广告，其实效益与全面性都有限。但若你想要在OTA上面买广告那更是天方夜谭了！咱们拿艺龙网eLong的首页广告举例。首页轮播大图（600*230），轮播中的第一张图一天要价35000元人民币，第二到第六张图片则是每天30000元人民币，不能外链，不能配送，连续放置不可超过七天。这样的价位，别说是微旅宿了，连高星级饭店的预算都不见得能够负担。一家独立旅馆或是微型旅宿要做到这样的广告支出比登天还难，但不要因为买不起广告就心灰意冷，其实我们通过OTA仍然有许多机会做到有效益的曝光，包括定期折扣优惠、B2B模式及提高佣金等方式。接下来要仔细看啰！

艺龙网 eLong 首页广告一天要价 35000 元人民币。

增加营销曝光及增强黏着度

黏着度的定义为"企业能够留住顾客并且让顾客再一次拜访及浏览网站的能力",这包含了在站内停留的长度、增加拜访者频率及忠诚度。而曝光的定义有很多种,从营销曝光上来说,可以分为下列几种方式:

- **鸡蛋分篮放(Don't put all your eggs in one basket.)**

这句话似乎也是李嘉诚的致富学之一。拿Priceline和Expedia为例,这两家是不同的大篮子,我就不建议把所有的房量都只放一个大篮子里,更不要期待大部分的收成都来自同一个篮子,建议要平均分摊。

而在2014年,Priceline宣布与携程扩大合作,Priceline将负责推广携程在美国的服务,目前携程在大中华区的超过10万家酒店资源也将对Priceline的客户开放。这则消息简单地说就是Agoda,Booking是兄弟而携程变成了它们的表弟,它们变成一个大篮子! 假若你现在只跟双E合作,建议赶紧发邮件给ABC的JOIN ME信箱,先做好分篮的布局。

只有这两个篮子够吗?当然不够!只要分销工具链接上了OTA,建议多找几个篮子来投放,佣金的噩梦既然已经克服,就Let it go吧!

该有的篮子都分配好了,再就是营销曝光了。在OTA上可以从EDM、广告促销、名次排名这三点着手!

✓ OTA 的EDM/ 免费曝光/广告促销妙招运用

要如何通过OTA赚到免费广告?把握几个要点即可!

1. 参加每周的EDM活动!尽可能配合所有OTA的各项专案(但要注意成本控制)。

每周都会收到各家OTA的EDM，而这些就是通过EDM模式发送。

2.做活动方案时，必须设置吸睛的折扣优惠，同样地，每周发送。部分OTA只要你的优惠到达某个门槛，它们就会自动把你列入special EDM。

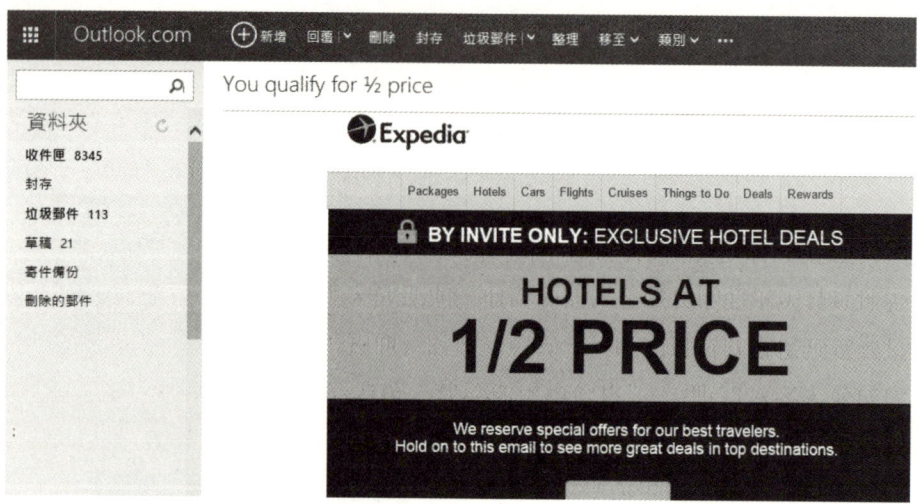

Bob 小提示：

若是从成本考量，无法下杀折扣到 5 折，该怎么办？

例如：

卖价 4000 元，佣金 15%，实收净价是 3400 元（4000×0.85）。

一般折扣置顶只能做到八五折，意味着实收至少必须是 2890 元（4000×0.85×0.85）。

我们把你愿意接受的最低价当成固定 NET，倒算回去设置成定价！

2890÷0.5÷0.85=6800，那么请到房价管理的栏位把预做促销的时段价格都改成 6800，去设置专案处将折扣设为 50%OFF。但切记，若要玩这小技法，记得在所有 OTA 上推送，免得会有接不完的价差修正电话喔！

3. 免费曝光可以通过OTA举办的季节性优惠页面来实现！

有些OTA是邀约制的，邀约的业者资格不一定，基本是要符合它们目标需求的对象。除了有提前预告优惠活动供人参考，其余的我们可以主动出击。发邮件给OTA平台："我这里有打算做一波7折优惠活动，但我只想跟着你们的优惠页面来做，若有此类信息请告知我喔！"给每一家都发邮件！我相信OTA平台也很乐意看到你这样的需求，因为会主动提供优惠的业者还真不多见呀！像下图这样的广告，OTA通常会投下不少资源，尤其越接近年终，投入资源越丰富。从大陆的OTA来看：微信、微博、百度、腾讯这些都会有大量投入，建议要好好把握。切记开放房源不要太拘谨，放在上头就是为了吸引客人订房，若给了折扣却关了房源，就毫无意义了！

4. 部落客[①]邀约也是一种免费曝光！

专注台湾市场的OTA基本上会通过部落客的模式来促进旅客订房的兴趣，往往会找一些优质的部落客来涉入营销。旅宿端可能只需要提供SHOW ROOM或是一晚的免费房，部落客会拍照并附上心得感想发布在社交媒体上，优质的部落客在发布文章后通常都能吸引大批的围观群众。

像这类的曝光成本其实并不高，几乎可以算是免费了，我们以住一晚的成本去折算换回的效益，其实十分值得。因为营销上的曝光并不只是实质的客房收入，还有无形的口碑及印象营销，这些都是无法用金额去计算的。

而需要注意的是，优质的部落客基本上会避免"虚假广告"，据实以报、真实回馈，在接受OTA给予的这个任务前，也都先做好可行性的评估，不会贸然接受邀请。所以，业者在向OTA提出这样曝光需求的同时，也请确认自己提供的住宿环境确是有特色、符合大众观感的对象，免得得不偿失。

5. 最后这点其实不是要教你怎么免费曝光，而是要纠正一个观念：我们常常会在一些页面看到OTA的广告横幅，可能是你竞争对手的，不管去到哪，他都在！请息怒，不是因为他买了广告，"而是你帮他促成了这个免费广告"。

怎么说？我先问问，你是不是刚刚或前阵子一直在该OTA刺探你对手的军情？上了这个OTA搜了这家旅宿？我怎么会知道？这是因为你的搜索记录被储存在内存中，例如你可能经常关注携程网站，cookie（你的小型文件）里记录的就是携程的资料，所以广告也显示携程的内容了。所以，先清除一下cookie，并多搜寻自己家的房间！这样心情可能会好一些喔！

[①] 部落客，英文 Blogger 的音译，在大陆被称为博主。

- **提高佣金**

为何佣金调整和营销又有关系？这是因为大部分OTA的页面排名都涉及了三个关键因素：

1. 佣金高低（comm%）
2. 浏览量（UV）
3. 订单量

看一下这三点，业主真正能够主动掌握的只有第一点，佣金。因此调整佣金比例也是营销方法之一，但这需要谨慎思考，需要你在成本上能够负担或是急切地想要提高曝光率。这样有重点地提高佣金，是可行的，但时间点必须抓准。

另一个拉高排名的方法，其实有点偷鸡摸狗，但是"商场如战场，兵不厌诈"。前人说过："攻击就是最大的防卫。"

"改价，不关房！不要让排名掉下去。"

例如：

12月31日一晚5000元，早在年中就卖完了，OTA该怎么处理？这时我说："开房！"是的，客气一点就好了，把价格设置成50000元（曾经有人设到16万元）。

因为12月31日是高需求日，越接近年终搜索率越高，我们要保持高曝光率，不得不使用一些手段！但万一客人真的以一晚50000元的价格订房成功了，怎么办？转房到同业高端酒店，我相信扣除转房费用，你还会赚不少呀。

- **广告促销，广告当动词，促销是名词**

先帮大家解惑一下，促销到底有哪些类型？到底该怎么针对不足来设置促销？常用线上促销细分为以下类型：

- 甩卖尾房
- 深夜优惠活动
- 入住一晚，打X折
- 连住X晚，打X折
- 入住X晚以上，第X晚打X折
- 入住，享客房标准升一级
- 入住，再送XXX（券、餐、物）
- 入住前X天订房，打X折
- 当日订房且入住，打X折
- 连订X房，打X折
- 平日入住，打X折
- 环保优惠活动
- O.O.O.房活动方案

　　这些是OTA基本上可以支援的活动类型，当然优惠的程度还包含了取消规则及付款时序，这些都是做规划时要考量进去的。

　　而促销活动是否能奏效，与正确分析客人的需求、区域性及客群属性有很大的关系，例如在休闲的区域，连住优惠、送晚餐都很符合消费者需求。最近也有一些台北业者提供入住送接机、送悠游卡，这样的促销不见得是实质的金额折扣，也可以是物质回馈！实际看来，这样的优惠活动下订房的比例也越来越高。

- **整合分析找出最适合自己的促销手段**

有了合适的促销手段才能吸睛，建议配合OTA提供的Lead Time、国籍、平均入住天数及住房率来研究适宜的活动方案，每个类别和区域都会影响活动方案的有效性。

但如果没有任何头绪，Bob建议至少做到三种专案类型：早鸟专案、最后一分钟专案及连泊专案，若本身会操作浮动房价（Floating rate），千万不要直接修改卖价，而是要使用专案的方式来显示价格，OTA上头的价格显示会特别标示为优惠专案，而这么做也是增加曝光的效益。

另外，Bob想要特别提一下"O.O.O房优惠活动"，这是Bob遇到过的实际案例。我曾经试住过一家旅宿，老板愁眉苦脸地站在柜台说道："靠近门口的这四间房间都不能卖，因为紧邻酒吧，若有客人住进去，总是抱怨喊换房，四间房已经空大半个月了！"当时Bob给他一个意见，原价4000元我们拿到OTA上只卖1500元，活动名称为"O.O.O房优惠活动"，活动方案内表明实际原因。殊不知没过多久，房间全卖出去了！另一个例子是有一家旅宿因冷气管线问题，造成角落房间的空调打开便会飘出异味，无法售卖，Bob一样建议以"O.O.O房优惠活动"促销，一晚999元，活动方案内容提到空调故障。竟然当天就卖出去了！OTA的促销方法五花八门，反向思考偶尔也能帮你带来意外的收获，是吧？

Bob 小提示：

上面介绍的曝光手段主要是 OTA 方向的，而官网要在网络中做到强烈曝光其实耗费的心力成本更大，对微旅宿而言会更加辛苦。

大家熟悉的搜索引擎最佳化（SEO）、关键字广告（PPC）这些 Bob 就暂不多谈，但有几个建议想和大家分享。

1. 旅宿成立初期设置店名时要多点小技巧，若可以选择，建议尽量不要太普及化，这样客人在做关键字搜索时才不至于太困难。

例如"好望角民宿"，光前面六个搜索结果就存在四家地点不同名字却相同的民宿。

Google 好望角民宿

網頁　地圖　圖片　新聞　影片　更多▾　搜尋工具

約有 194,000 項結果 (搜尋時間：0.31 秒)

相關搜尋：　墾丁好望角民宿　宜蘭好望角民宿

宜蘭太平山民宿好望角民宿
www.hwjhouse.com.tw/ ▾
宜蘭大同鄉民宿,宜蘭民宿,宜蘭縣民宿,宜蘭合法民宿,宜蘭旅遊,冬山河親水公園,礁溪溫泉,太平山民宿,飯店住宿,宜蘭賞鯨旅遊.

宜蘭太平山民宿好望角民宿
www.hwjhouse.com.tw/about.htm ▾
好望角宜蘭民宿宜蘭縣‧大同鄉松蘿村玉蘭46號．電話：03-9801278．傳真：03-9801287. E-mail: ilanhomestay@yahoo.com.tw. Dear tourists. Whoever you are.

墾丁民宿- 好望角南灣渡假村
www.southbeach.com.tw/index-c.htm ▾
墾丁民宿-好望角渡假村,位於墾丁南灣,提供墾丁住宿,墾丁訂房.
住宿須知 - 墾丁住宿介紹 - 墾丁優惠專案 - 好望角南灣民宿簡介

（宜蘭大同鄉民宿）好望角民宿靠近太平山@ 走吧！讓我們旅...
jay7134.pixnet.net/.../128019205-（宜蘭大同鄉**民宿**）**好望角民宿**-靠... ▾
趁過年前抓個時間出遊太平山，入住螢多人推薦，太平山腳下的好望角民宿～下午抵達的時候飄著小雨，民宿被霧氣籠罩，還蠻美的～查詢房價>>大石碑旁就是 ...

花蓮好望角]民宿@ 野蠻王妃愛漂亮::痞客邦PIXNET ::
cline1413.pixnet.net/blog/post/221457335-花蓮%5B**好望角**%5D**民宿** ▾
結束遠雄悅來飯店的行程我們來到今日要入住的民宿～好望角山海景民宿好望角民宿位在遠來飯店的上方 沿著小路一直繞上去就可見到矗立在山巔的一棟歐式建築

苗栗通霄好望角民宿【官方網站】～苗栗民宿～
www.5657.com.tw/hwj/ ▾
苗栗民宿,通霄好望角民宿,苗栗民宿推薦,苗栗民宿包棟,苗栗通霄好望角民

另一个例子，名字非常特殊的"龙虾先生"，则非常容易被搜索到！

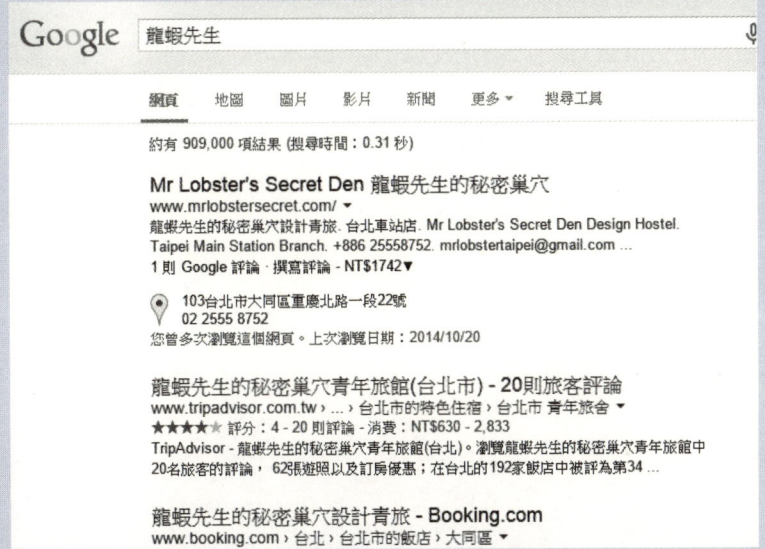

Bob 自己的例子，因为"微型旅宿"并未被泛用，也是置顶，是纯粹自然流，没有任何营销费用支出喔。

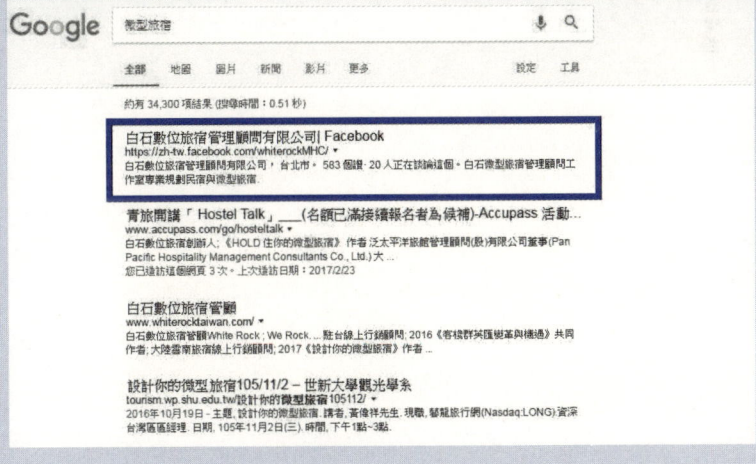

2.建置官网时，尽可能地使用专属的网域名称（Domain name），有助于形象和记忆的加分。

　　但如果已经建置网站，还是有补救办法：到PCHOME购买网址后，再买转址服务即可，价格很亲民别担心！（免费设置官网请看P188）有了网址后，建议再生成自己的官网二维码并贴在名片上，协助官网曝光。

OTA 架上的信息、促销活动、留言及照片都会增加黏着度，但是影响官网黏着度的因素更是多样，包含：

✓ 网站兼容性（平板电脑、浏览器的支持度），不建议再用 FLASH

　　现在将近 40% 的用户选择住宿地点会在平板电脑或手机上搜索，建议必须要能够兼容各式 SIZE。另外，iOS 并不支持 FLASH，10 年前我最爱的 FLASH 也必须要劝大家放弃啦。

✓ 网站 UI 是否宜人

　　现在有很多本土民宿网站制作的模板网站，除了首页（INDEX）的 FLASH 之外，整个接口使用及视觉上不是很讨喜，有种不靠谱的感觉。在互联网时代，关键时刻（The moment of truth）往往就是发生在进入官网的那一刹那，必须谨慎选择网站制作公司。

✓ 网站丰富度（照片、信息分享、交通信息等）

　　建议照片要丰富，文件不要过大拖延装载（LOADING）时间，并尽量分享旅游信息（除了官方以外更要有私房景点）；交通信息除了地图上能搜到的之外，偏远的地方必须要比照攻略的详细度来提供给旅客；另外，也可以玩玩最近流行的 Google360（如下图）；而联络信息也必须多元，SKYPE、EMAIL、Wechat、QQ、电话等，让客人更容易找到你。

3. 导入评论及白牌网站

早前提到的，旅客对于评论非常在意，而这点也是增强旅客黏着度的方式之一。

将 TripAdvisor 导入官网或粉丝页面，让客人可以直接在官网上接轨大数据。另外，OTA 的附加功能白牌网站也可以置入 FB 的粉丝页面内或官网内。

| 最重要的账款支付问题

上面提到的线上成交可以细分出两种模式：有些OTA做的是预付（在线上订房时就立马刷卡付款），有些则是现付（先预订留卡号，到现场再付款）。若消费者是以预付模式进行消费，那么到现场就无须额外支付房费，相反地，若是以现付方式进行，则到现场再和柜台结清即可。

以上是消费者端的支付方式，我们再来谈谈业者端的收款方式。

若是旅宿业者参与的OTA平台属于预付模式，那么等于OTA在线上刷了客人信用卡后，佣金的部分会直接被扣除，OTA将业主实收的金额以汇款或是VCC（virtual credit card，虚拟卡号）的方式交到业主手上。

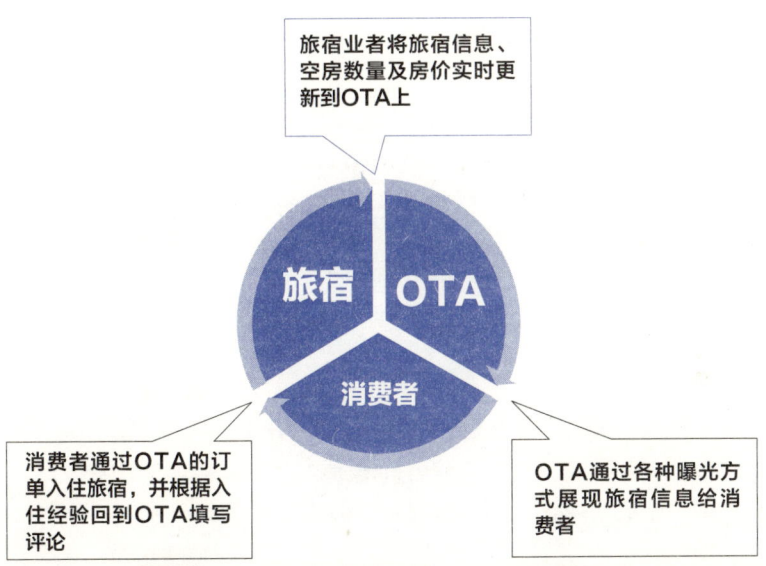

一般使用OTA的流程是旅宿和OTA签约之后，通过后台上传相关信息，于网络上开卖且成交；消费者凭此预订单（呈现方式多为EMAIL或是iOS中Wallet的票卡）到旅宿柜台办理住房手续，入住完毕之后再回填评论于该OTA中，供下一位消费者参考。

> **Bob 小提示：**
>
> 1. 这里又有一个关于VCC的比较重要的注意事项。若是你的旅宿没有刷卡机，当然只好选择汇款，但若是有刷卡机，还是得向当时申请的银行确认一下，是否可以离线刷卡（无卡交易）或者是否可以预先授权（过卡）。有一些微型旅宿的业者可能当初申请时没有开通此功能，若是如此，VCC则无法发挥功能喔！
>
> 2. 假若是旅宿业者参与的OTA平台属于现付模式，收到订单后会显示消费者的信用卡信息，此时也得确认刷卡机是否有预先授权功能。虽然客人到现场时也可以用现金支付，但若能先做过卡，就可以先确定该卡是否有状况，若有则可提早请OTA通知客人换卡。

与OTA签约

OTA合约中的每个字句都必须仔细研读！不懂的部分要请OTA工作人员释疑，尤其有关钱及保留房等事项！以下举例说明：

> **预留房：** 本协议生效期间内（如下详述），旅店每天应向××网站提供【　】间预留房，且同时可以为客人提供额外房间的预订服务；除预留房和额外房间以外，旅店应当允许××网站的客人预订所有尚未被预订的空房。

> **说明：** 像这样的预留房即所谓的保证房，千万不要在上面乱填数字啊！不是因为特别佣金的存在而要提供保留房，建议提供"自动补房"或是"超售"功能来顶替。

> **价格：** 向××网站的客人提供的每间预留房或额外房间的价格，不应高于旅店向其他任何分销商或在旅店前台直接预订的顾客提供同样房型（包括所有适用的促销、服务或折扣，例如早餐、网络等）的价格。

> **说明：** 这就是通常OTA所谓的均价概念（Parity）。大家公平竞争，不要偏心。但是后面有一句"或在旅店前台直接预订的顾客提供同样房型的价格"，我认为微型旅宿老板要争取把这点去掉，这样我们才可以活用官网来布局。但在事前要跟OTA谈妥游戏规则，这样大家合作起来才舒畅些啊！

> **期限：** 本协议有效期为【一年】，从【　】年【　】月【　】日起生效；除非协定的任何一方在协议失效30日之前书面提出不再续约，否则协议自动续约一年，以此类推。

> **说明：** 基本上OTA的合约都是一年有效期且自动续约。但说实在的，控房权限在你手上，你可以在30日前提出解约，或是关闭房源。但既然都已经合作了一家OTA，平时多一个免费平台曝光，何乐而不为？要解约的话可以直接打通电话或发封EMAIL给OTA即可。OTA就是快速！

预付预订基本佣金： 旅店应当为每位××网站客人在酒店住宿的每间支付最低【15%】的佣金（预付基本佣金）。对于预付类预订，"可得收入"应为××网站通过预付预订向客人实际收取的金额（减去由于取消预订而退还的金额）以及××网站客人由于续住而支付的额外房费。

说明： 佣金的部分要看清楚！有些OTA会有前半年一种佣金价格，后半年另一种佣金价格的情况，另外也有些OTA佣金规则会有假日与平日之分，甚至是有优惠活动和无优惠活动之分，建议必须打破砂锅问到底！

客人无法办理入住： 如果经初步确认后旅店无法为客人办理入住，应当马上告知××网站，并且免费为受影响的客人升级房间或者为客人安排同等服务条件的其他旅店入住。当旅店无法为客人升级房间，但为客人安排了同等条件的其他旅店入住时，旅店应当承担所有交通费用和客人入住其他旅店首晚费用，并向客人赔礼道歉（包括向客人详细解释预订未能完成是旅店失误所致）。另外，旅店应当承担××网站和××网站客人因预订无法完成而产生的其他费用损失。如果一年内此类无法预订的情况发生超过三次，××网站有权提前终止协议并不承担违约责任。

说明： 这项条文到底在说什么？简单说就是一旦客人因为业者原因无法正常入住，业者必须负责，并协助转房，若得赔价差，业者责无旁贷！ 其实这也是一个责任问题，因为控房不当引起的转房，业者是必须担起这责任，不能推托。

现付模式： 每月第五个工作日或以前，××网站应当依据后台中旅店的每日审核纪录，向旅店提供上月客人入住资讯。经过双方确认，包括旅店通知××网站所有延迟退房的情况后，旅店应当在30天内依据本协议相关条款向××网站指定的账户中支付佣金。旅店应当保证其自身以及所有工作人员提供的结算信息真实、准确、完整。在前台现付和预付两种预订情况下，××网站均可以直接从向客人收取的款项中扣除旅店所欠××网站的佣金。

预付模式（汇款）： ××网站会以后台系统的所有订房纪录支付净房价，每月3日系统自动生成对账单于后台系统中呈现。旅店可选择以月结或周结方式进行付款，××网站会电汇房费到旅店指定在台湾的银行，××网站会承担汇出房费到台湾的银行的手续费，但银行对旅店在收款时所收取的费用则由旅店承担。

预付模式（专用支付卡）： ××网站会以××网站专用支付卡支付后台系统中所有预订登记的净房费，该卡仅适用于指定的预订及确认书上规定的金额和货币。该卡将在住客退房时进行缴费。若有任何修改之处，将发送一个新的××网站专用支付卡号码。若存在争议或不符之处，或在合法机构进行审计时，旅店应提供住客入住的证明。若贵司未能在住客退房后十五（15）天内向我方信用卡收费，则旅店不得就相关预订向××网站提出任何索赔。按我方规定，住客应承担其在房费以外可能产生的所有杂费。若有因订单异动等因素导致溢刷款项，旅店应当在该预定之退房日两日内将溢刷款项退回××网站，若未能于两日内退回，则须于七日内依据本协议相关条款向××网站指定的账户中返还款项。××网站亦可以直接从客人收取的款项中扣除旅店所欠××网站的款项。

说明： 这是所谓的结算模式，OTA的付款模式基本上有这三种，现付模式意味着客人订房时只是先在OTA上过卡，OTA把他的卡号给你做担保，之后客人办理住房时旅店才向客人收费，月结退佣给OTA。但若是汇款给OTA，通常境外的汇款都会有手续费，这点要问清楚谁负担。另外，建议跟OTA谈一个月一个金额以下可累计至下个月度统一汇款，这样比较节省成本与时间。

至于预付汇款模式则恰恰相反，OTA先帮业者代收全额，待确认入住后会按月把款项（扣佣后的）汇给业者。同样的，也可讨论一个金额来节省彼此的时间及成本，汇款会有一个中转行的手续费用是1030元（这通常是OTA方支付），通常收款方还是得付一个受款银行端的手续费用。每家不一样，详见下表（2017-02-09更新）。

境外汇入台币手续费		
银行	手续费收费标准	备注
花旗	TWD400	
兆丰	TWD200	依各家分行自行规定，未来会统一收费
台银	TWD200	
土银	TWD100~200	视本金金额而定 本金为USD100内收TWD100，其余收TWD200
合库	TWD200~800 按金额的万分之五收	
一银	TWD200	
华银	TWD300	
彰行	TWD200~800 按金额的万分之五收，通知客户来盖章时收钱	
上海	TWD200~800 按金额的万分之五收	
富邦	TWD200~800 按金额的万分之五收	
台企	TWD200	
渣打	TWD200~800 按金额的万分之五收	
汇丰	200（DIRECT）	
联邦	TWD200	
永丰	挂号费	如需挂号寄出，将收挂号费
中国信托	TWD400	

汇款通常有些麻烦，一来一往会耗上半个月的时间，但相对节省下来的成本却很惊人！假设今天汇款40万元！彰化银行会要你支付200元（万分之五）手续费用，但若是刷卡要按2%的费率计，手续费用则是8000元！对于微型旅宿的业者来说，我们还是别怕麻烦使用汇款比较好。

另一个专用支付卡，即所谓的虚拟卡号，每张订单里面会标注一组信用卡号（含有效期限及后三码），收到订单后基本在退房当天可以直接刷卡入账，非常方便！这也是大多旅宿业者使用的方式。

保密义务： 本协定的双方均应遵守对协定条款和内容的保密义务，且不能在未获得对方书面同意的前提下将本协定内容泄漏给任何合作厂商（除依据政府部门的强制命令或其他可适用法律的要求之外）。旅店应对从××网站系统中获取的所有资讯（包括后台账户，密码以及其他信息），以及××网站客人信息承担保密义务，并且未经××网站事先书面同意不得将如上信息泄漏给任何合作厂商。

说明： 简单说，佣金及合约内容都不可以外泄！

新技能解惑：

　　OTA的科技技术日新月异，用户习性记忆侦测、爬虫程序、A/B测试……这些都是进行式。最近Expedia在英国伦敦也成立了一个实验室"Usability Lab"，实验室的作用是研究消费者在通过Expedia网站和应用程序研究和预订旅游方面的行为，而测试平台包含了Expedia、Hotels.com以及Venere。这项实验利用眼动跟踪和肌电图技术的科学方法，将传感器放置在用户的脸颊和眉毛上，以测试面部肌肉的变化。Expedia的最大对手Priceline也即将推出一系列酷炫功能，包括通过原本OTA的APP可以找到附近的ATM、免费的WI-FI，还有在你周遭或预订饭店的周边是否有免费/折扣的景点区，以及时差建议等个性化功能。Booking.com网站也通过一些研究来了解消费者的好恶，即所谓的HEAT MAP（网站热力图）。例如，从下页图1可以看到模糊区域是被点击次数较多的，通过这样的逻辑可以去做一些A/B测试来设计营销，进而提高转化率。

　　简单来说，现在我们不用和客人面对面就能知道他在想什么！

像这一类的OTA内部技术也慢慢地被拿出来研究，包括SEO的操作和付费广告（CPC），尤其CPC在2005年到2015年这十年已成长了4.2倍（数据来自Hochman Consultants公司）。

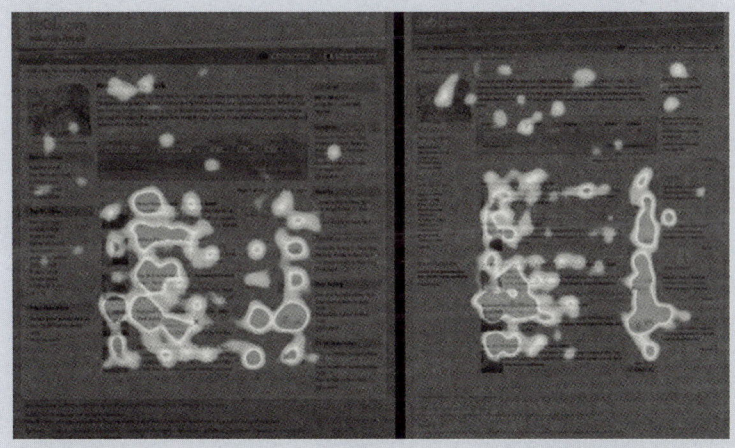

图1

另外一个想要提的就是网页再营销（On-site remarketing）技术，这是现在线上购物平台和OTA上必须具备的技术之一。台湾的现有平台基本上都不太擅长此类技术，又或是在这些大型品牌上的网页再营销做得不够积极或是太过积极，都不能帮助到转化率。

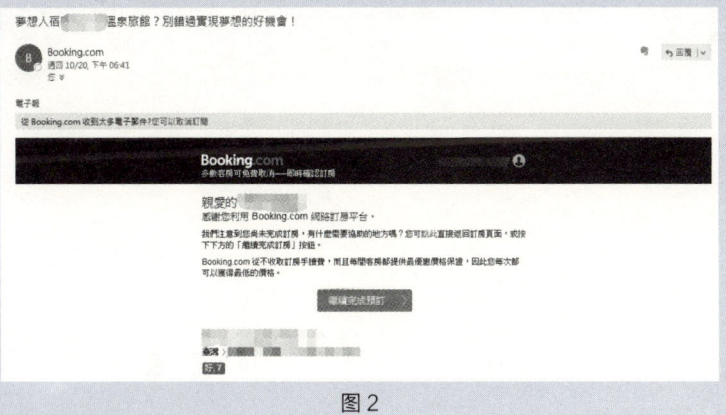

图2

新的技术是若能在客人离开上页图2所示网页时就让客人留步，并且当下预定，就是有效的即时网页再营销。现在的MSE和OTA上有太多选择，若让消费者逃过了这页面，就很难有机会再让他回来了。新的网页再营销模式会是：当发现消费者在这个网页闲晃了好一阵子看旅宿产品，并且很用心地在参考评论、价格、照片，但就在这时他的鼠标慢慢地往左上角（点击两次可关闭窗口或是上一页）或右上角（关闭窗口）移动，一旦鼠标光标触及顶端的界线，就会立即触发一个小窗口，类似下图3，它会希望你继续逛下去，更激进的状态会立即提供5美金的折现，让你现在使用，若现在关闭窗口你的5美金也会立即消失。

图3

专栏 4

OTA 深入探索

这里要挑出几家OTA来和大家详述一下。

Priceline.com

隶属于Priceline集团（PCLN），它的姊妹OTA有agoda和Booking.com。这个PCLN家族实力雄厚，一年通过Priceline集团网站所预定的全球房间入住总天数高达4.32亿。

2014年8月，Priceline宣布用5亿美元投资携程；接着以公开市场购买股票的方式，再对携程追加1.35亿美元投资；10月，再购入300万股携程美国存托股，持股比例增至7.9%；截至目前，Priceline持有携程总流通股的数量达到15%。近几年PCLN陆续并购了非OTA的企业，甚至在2016年5月还收购了台湾创业公司Woomoo，帮agoda开发手机应用软件。

TripAdvisor

TripAdvisor拥有巨大的流量，平均每月独立访客数量达到3.5亿人次。主要营收来源就是旅宿业务，其2015年旅宿业务收入占比84%，收入方式主要是点击付费广告（大概占比60%）、展示付费广告（大概占总收入的10%）、订阅和其他收入（大概在30%）。

TripAdvisor的OTA是一种变形模式，是一种CPA的模式，它没有后台也没有更改房价、房量的功能，它只能做"TripConnect即刻预订"，但这功能必须配合TripConnect Partner 认证的服务公司使用。

✓ 即刻预订服务

根据TTG Asia Media报道：TripAdvisor向旅宿业界推出B2B即刻预订（TripConnect）服务，吸引数千万名旅客直接通过网页导航到旅宿页面进行直接预订，通过即刻预订旅宿的客人完成住宿后，旅宿才支付客人预订的佣金费用，方便旅宿的成本管理。2015亚洲国际旅游交易会（ITB Asia 2015）上提到，即刻预订（TripConnect）会与旅宿联机服务（互有mapping）提供商合作，在TripAdvisor上的酒店预订按钮中加入单家旅宿价格与空房状况。旅客订房后，系统就会将预订的详细资料直接通过联机服务提供商传送给旅宿，旅宿从一开始就能与顾客之间建立良好的交互关系，同时也可以自行管理所有顾客的服务相关信息查询或变更，从每笔预订中获得最大的收益。

同时，即刻预订服务也让平台上的酒店可直接与顾客接洽，不需通过合作厂商平台。这种方式让旅宿能以更好的方式，直接管理顾客住宿前、住宿期间和住宿后的关系，此外，即刻预订服务的佣金费用通常比其他线上旅游网站还低，旅宿可以直接使用自己的预订引擎吸引顾客，不需通过OTA在TripAdvisor上刊登空房状况。许多旅宿业者都会利用收集评论、发表管理阶层响应、更新照片等方式来管理他们的TripAdvisor页面。这种交互方式可以让旅宿更能吸引潜在顾客，而即刻预订则能够让你以更快的速度将潜在顾客转换成预订，利用线上商誉获得最大收益。据了解，目前TripAdvisor上已有约23.5万家酒店可通过即时预订，大约占网站上旅宿产品的1/3，包括凯悦、万豪国际等旅宿集团都加入了TripAdvisor的即时预订平台。未来TripAdvisor可能会成为类似Expedia和Booking.com等线上旅游网站，而且更加便宜。

与OTA不同，假如一家旅宿没有加入即时预订平台，TripAdvisor仍会将其旅宿产品导向其他线上旅游预订网页，消费者仍能继续使用其服务预订旅宿。虽然当前分销商的角色尚未带来许多利润，但却将进一步深化与单体旅宿业主的合作关系，不单是通过即时预订平台合作，还可以通过其他方式说明旅宿利用TripAdvisor的流量优势。

在理解TripAdvisor的"类直销+类OTA"功能后，这边我要提一下TripAdvisor旗下的一家"TINGO"，它也是EAN（Expedia Affiliate Network）的队员之一，TINGO在这里起着非常关键的作用。原因是大型OTA不会与TripAdvisor直接合作TripConnect，因此TINGO将有机会获得OTA供应的库存。

TINGO的接口虽然还是老旧，但它有两点特色：其一，它在一开始的搜索列项选择中竟然可以勾选要比价的网站（图1），进到页面后确定Sort by是"TINGO Recommends"（图2），有趣的事要发生了，点一下比较价钱的栏位（图3），它竟然会跳出一个即时的页面（图4），里面搜索了几家OTA的价格在下面，让你直接参照比价。

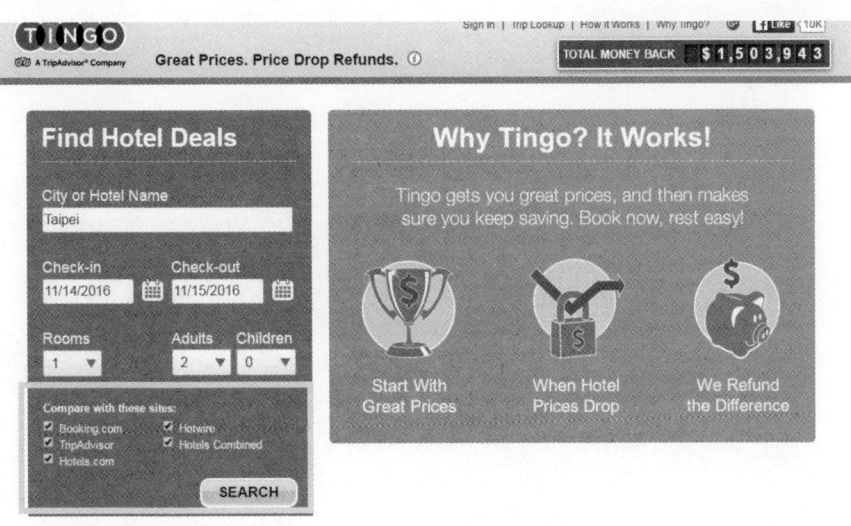

图1

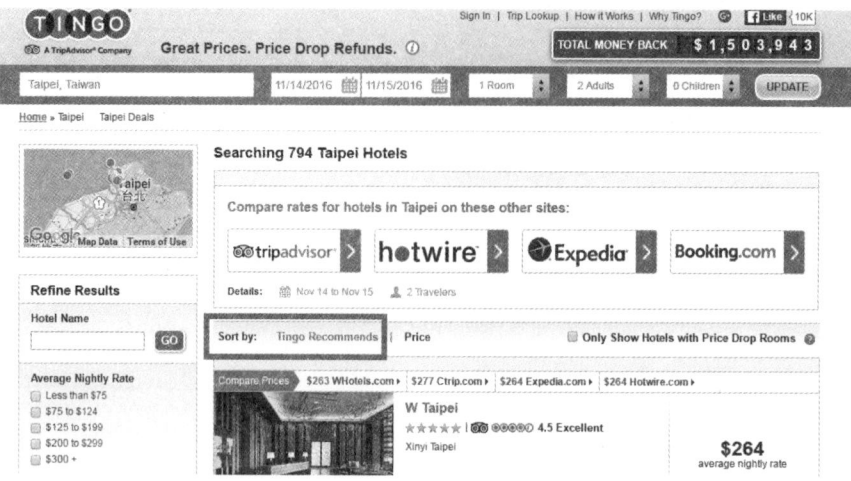

图 2

图 3

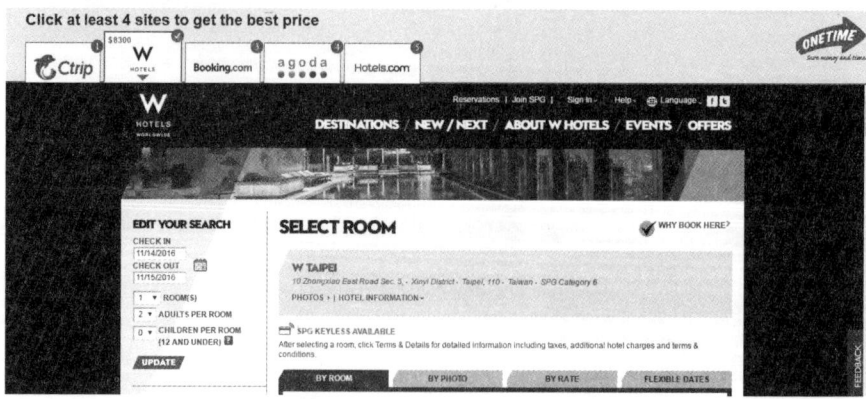

图 4

GHA（Google Hotel Ads）

2015年，Google也光明正大抢滩来做旅宿预定的"Book on Google"，它可以在Google Search、Google Maps和Google+上做预订，但和TripAdvisor有相似、相异之处，整理如下：

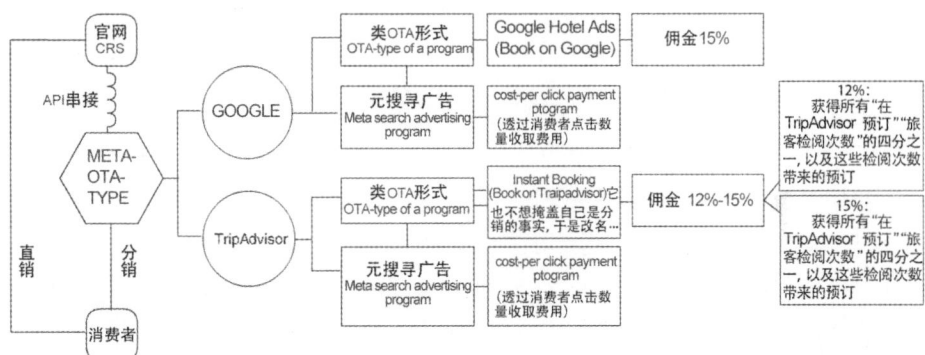

另外，GHA（Google Hotel Ads）是通过广告方式来利用MSE、Maps和目的地做中间渠道，而要与之链接也得通过Authorized Integration Partner，

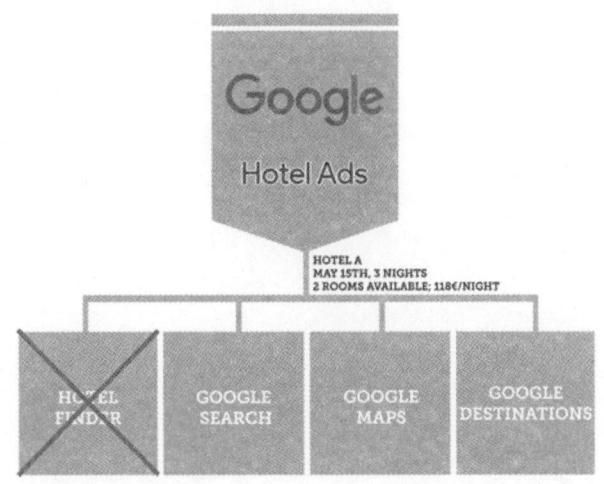

资料来源：http://www.mirai.com/blog/how-to-use-google-hotel-ads-to-strengthen-your-direct-sales。

其中的逻辑和TripAdvisor相同。

这两者类OTA其实都不算是直销，切记，它们跟其他分销一样会让你的ROI减少，COS（Cost of sales，销售成本）增加，可别把它们误会成直销呀！尤其Google通常只是扮演帮消费者找到你官网订房的平台。我们可以看到排名前40的饭店的一些数据，2007年官网和OTA的比例是85∶15，2012年则到了72∶28，2015年提升至64∶36。如今，假直销也来瓜分你的利润，另外算上15%的佣金，再加上可能的CRS费用或CM费用，整体可能也占到20%~22%。我们就假设COS到了20%或ROAS（Return on Advertising Spending，广告支出回报率）到了500%，依据经验法则，MSE的ROAS差不多是1000%，有些线上营销管理完整的旅宿甚至可以到达1800%~2500%。若我们拿MSE的1000%来反推，COS是10%，这样一算就可以看出，这个假直销的功能真是恐怖啊！更何况是利润微薄的微型旅宿？

HotelsCombined

我们直接请来HotelsCombined（HC）的工作人员来答疑解惑。

Q&A

达人简介！

台大财金出身，毕业后转战美国康奈尔饭店管理研究所，曾在新加坡担任饭店不动产买卖的分析师，回来后便一直在OTA产业打拼至今。

谢丹琪

Q 1. 小编得知今年HC才开始和旅宿做直接签约，对于其他OTA品牌的大举入侵，HC有什么不同之处？

HotelsCombined看准的是订房发展下一步的趋势，希望可以通过"直接跟饭店订房"这个功能按钮，帮助饭店把网络上的客人导回跟饭店直接订房。因此，也许你可以说HotelsCombined是"比价网站+OTA+官网导流"的新混血品种吧。

Q 2. 若是旅宿业者想加入HC，需要什么资格？怎么合作？

没有资格限定。饭店只要跟HotelsCombined联系说希望合作，我们就会安排饭店方填写信息，填写完成之后串上Channel Manager 或是人工输入房价就可以上线开卖啰。

上线之后，HotelsCombined这边是采取现场付款的模式，所以所有的客人都是到饭店现场付款，饭店再月结佣金给HotelsCombined，另外客人若取消订单我们就不会收取佣金（不论饭店有没有收到取消罚款）。

Q 3.HC 最近有没有一些 data mining 的数据可以和业者分享？例如：消费者平均订房间页数、Lead Time、订房高峰等。

Hotels Combined超过40%的客人来自韩国，订房流量有超过一半来自手机或平板电脑，订房Lead Time平均在31~45天。

FlipKey

这是TripAdvisor Media Group旗下的一个品牌，它主要发力在房屋租赁市场上，目前有超过30万家庭租赁房和世界各地的客房。说到这里，大伙可能发现了TripAdvisor除了是全球评论冠军网站之外，原来它还有那么多的子品牌，包括TripAdvisor、Airfarewatchdog、BookingBuddy、Cruise Critic、Family Vacation Critic、FlipKey、Holiday Lettings、Holiday Watchdog、Independent Traveler、OneTime、SeatGuru、SmarterTravel、SniqueAway、Travel Library、TravelPod、VirtualTourist等16个品牌。

好疯狂的一个集团，我的第一本书中也有提及TripAdvisor是从Expedia拆分出来上市的企业，由此可见真正后台硬的是Expedia无误，我们下一个提到的OTA也是它的子公司。

HOMEAWAY

VRBO和VacationRentals.com也是属于HOMEAWAY，这几家其实会更往"共享经济平台"去靠拢，而这也刚好符合许多微型旅宿的概念。HOMEAWAY和VRBO协助客人与业主或物业管理人员联系。

通过上述的这些品牌，我们现在更加了解OTA的种类了，但到底OTA会不会持续发展呢？答案是肯定的！除非世界上"网络"这东西消失……

4-2
线上营销工具应用

✓ **对的价格策略**

✓ **维护线上客户**

✓ **均价不二法则**

旅宿行业的平均出租率低于70%，到了淡季，例如澎湖的冬天，不少旅宿的出租率甚至会跌到20%左右，实在让人心痛！但对于旅宿来说，不像苹果公司可以把今天卖不掉的手机放回仓库里，明天可以接着销售，旅宿的库存是房间的使用时间，今天一旦卖不掉就过期作废。而以往可以靠扫街、发传单、登广告来拓展客源，现在则由网络营销掌握一切，这也是本节Bob要告诉你的——如何应用线上营销工具拓展客源。

▎降价是"自杀"式营销

旅宿营运的固定成本高，边际成本却很低，每多服务一位客人，并不需要多付地租、多做装潢或多请一位服务生，增加的成本基本上只有水电、备品加上布巾洗涤费。从这个角度来看，只要售价降低30%，就能增加旅宿的总利润。听起来似乎有点道理，可是为什么在各大平台上很少真的看到旅宿把卖不出去的房间降到成本价来卖呢？甚至很多四、五星级的旅宿宁可把房间空着，也不愿意以两三千元的价格把房间放到市场上销售，这到底是为什么？

原因有两方面：一方面，直接降价，例如直接在Expedia上把1000元降成800元，这样子或许能多卖几间房间，可是所有房间的价格都下降了，总体收益未必能提高（还记得RevPAR吗？）；另一方面，旅宿长时间公开以低价售卖房间，会损害旅宿的品牌形象，让看到该价格的顾客对旅宿产生负面印象，所以正规的旅宿很少采用这种方式。

然而山不转路转，不能"公开"降价，很多人就把脑筋动到了"不公开"这个点上。美国比较常见的方式是逆向拍卖和神秘旅宿模式。逆向拍卖模式里，顾客在网上开出条件（例如旅宿星级、区域、日期和可接受价格），一旦系统发现有满足条件的旅宿，就自动从顾客信用卡上扣钱，完成交易。相比之下，神秘旅宿则更简单一些，顾客可以在网站上看到各个旅宿所在区域和简单的描述，但是无法预先得知所选旅宿的名称，直到费用支付以后才能得知。这两个模式共同的特点就是在用户付款前，并不能知道是哪家旅宿在提供特价。这样就没有把旅宿的特价展示给所有人，一方面可以保护旅宿品牌，另一方面可以对不同顾客实行区隔定价，不会影响到正常销售节奏。这两种模式的缺点也很明显：消费者使用并不方便，而且也并不安心，大部分消费者都希望在充分了解商品之后才付款买单。在信用机制和消费者保护比较完善的美国商业社会里，这两种模式比较容易被广泛接受，但对亚洲来说还需要漫长的一段尝试和发展的时间。

上面叙述的两种模式也是碍于区域的消费习性不同而有不同的反应，由此可见一种营销模式不见得适合所有旅宿。线上营销千百种，怎样才能多多益善而不浪费人力、时间甚至削弱我们的名声？

线上营销很重要的一点其实就是要能够在第一时间"吸睛"。

通过印象营销来深入人心，即便这次没有达成交易，但顾客对于你的旅宿品牌已经有印象，而吸睛方式有很多种，创意是关键！

线上营销四大要诀

这本书一开始就提到营销的重点是"刚柔并计"，硬件、软件与数据计算要密切融合，在进行线上营销时则要注意以下几种情况：

1."刚柔并计"了没？

在布局线上营销大肆宣传之前，硬件设施都完善了吗？服务流程有没有缺失？若答案是否定的，估计会很容易在评论上引发大灾难！

举例：一家东部新开的旅店，为了想要提早开业（通常是轻资产型的微旅宿）会以"试卖"名义先接客人，整个装潢工程可能还没完全收尾、消防设备也还在调整，甚至还能感受到大厅弥漫着施工引起的粉尘和甲醛味道，线上并没有办法让消费者知道这些问题。但往往在这种没有完备状态下就进行了"营销+销售"，所造成的负面影响会变成网络负面口碑，很可能在一开始就建立了低评分的顾客印象，从而转换成成长阻力。

2.线上营销需要时间来经营，培养顾客的忠诚度

在自媒体上不单单是无趣的产品宣传，还可以上传最新、最有趣或有实用信息的文章，或是通过网络直播来吸引关注，培养粉丝忠诚度。

3.价格展现

在线上分销渠道（直销指的是官网），必须要"均价"！

我常常会举一个例子给大家听，假设今天在全家便利商店买了一瓶可口可乐，价格是25元，立马去隔壁的7-11买了另一瓶可口可乐，此时你觉得这瓶可乐应该会是多少钱？大部分人会跟你一样的反应："25元啊！要不然咧？"所以

均价的概念大家都有了。

在同样层级的分销商对于同样的产品会制定一样的价格，这是自然！但相反地，我们来看看线上的旅宿订房网，同一家旅宿的同一种房型在甲网站和乙网站的售价却不同。价格乱七八糟，有几个原因，总结如下：

- **被OTA业务洗脑，给了独家**

很多OTA的工作人员每个月的KPI就是要做到几个独家，或是挂个几个特牌、金牌、大拇指、APS、AO、龙萃……为的就是要更有竞争力！明明合约上都规定旅宿要遵守均价规则，但却又很爱跟业者要独家。

- **控房人员不擅长操作OTA**

尤其在微型旅宿中，不大会操作后台的工作人员大有人在，又或是忘记密码、人员换手没有交接妥当，这往往会是爆房的导火线。

另外，合作的OTA越多，发生错误的概率也越高，尤其微型旅宿一般没有Channel Manager协助，就更容易报错价。

- **OTA擅自改价格**

这种问题在2009年、2010年时的台湾市场并不会经常发生，但是近几年市场竞争加剧加上不同商业模式的OTA进场，的确搅乱了市场秩序，有些OTA是光明正大地返现与亏卖，有些则是通过分销模式在其他平台做Hidden Promotion（隐藏优惠），让业者不易察觉。

- **沟通发生问题**

这里的沟通包含与Channel Manager的沟通，有可能已经推送了价格给

OTA，但OTA前端没有反应。另一种情况就是甲OTA把产品与价格给到乙OTA去做销售，此时服务费差异有可能会造成价差产生。

- **汇率问题**

在台湾我们大多数给到OTA的卖价都会是统一币种，但是每家OTA的汇率不见得相同，这当然会引起OTA间的较劲。一样定价2000元，在A网站卖的是64.5美元，B网站却卖64美元，虽然差距不大，但消费者若是在MSE上比价，都会选B网站呀！所以别小看0.5美元，它影响巨大。

- **刻意想要壮大特定OTA**

是的！真的有很多业者会做这样的事情，可能为了想要赢得一份奖牌？或是和某家OTA建立特定情感？把鸡蛋全投入一个篮子（前面已经说过，千万不可以啊！），不在意均价更不在意其他OTA的营销市场，举例来说：可口可乐想要特别壮大7-11便利商店，于是给7-11便利商店独家价格19元，其他商店为30元。试问，身为消费者你们会怎么看待可口可乐？你们怎么看待7-11和其他的便利商店？

短期来看，可口可乐在7-11的销售量一定会飙升，但它的总营销收入却不尽然（同比RevPAR）。长期来说，它换来的是在其他渠道慢慢减少的点阅率与订单量，沦为长尾产品，甚至被一些渠道商直接下架，而去推广百事可乐。最重要的一点，一旦7-11变成可口可乐的最大渠道商时，谁有话语权？我想你们都已经知道答案了。

线上营销是长远策略，要从业主的角度去看待自家的产品，很多被赋予经营权利的经理人却是只看短期KPI和短期利益，往往贱卖了产品、声誉和未来还不自知！

有时候可能会有些旅宿业主纠结于代理价和OTA削价竞争的问题，我把这个问题归咎于旅宿本身，太多旅宿发现问题时是睁一只眼闭一只眼，看到一直进来的订单，也就不敢对渠道商过于严格，顶多也就口头说说，没有实质的作用。但若愿意与OTA/TA以营销的观念来看待这件事情，须让它们知道旅宿价格的策略和你们无法接受B2B价格裸卖B2C市场，旅宿业主才是产品的主人，才是有权利赋予它价格标签的老大。

有些微型旅宿的业主会无奈地说："哎哟~我又不是SPG集团，它们有权有势，况且人家OTA这么大，我怎么谈？"但相信我，坚持产品的价值与价格是原则问题，并非权势问题。任何一家OTA都有义务去遵守当初合作的宗旨与合约。切记！渠道均价，不被贱卖！

专栏 5

区块链应用

区块链这个名词大家估计非常陌生，但它的确是现在电商、金融界相当火的话题。区块链之所以能够引起高度关注，是因为它能够解决金融交易流程、核实交易和信用、数据管理和安全保障方面的问题。

也就是说，未来你甚至可以利用飞行积分为旅宿房间支付，或者用一些出租车服务忠诚计划的额外积分来兑换房间。能发挥的空间——无限！

在这边，我邀请到了奥丁丁的创办人Darren来和大家Q&A一下，希望通过Darren的讲解，我们能更了解区块链在旅宿中的应用。

Q&A

区块链达人！

台湾区块链产业专家

曾任职于硅谷 Google 总部、韩国电信美国公司，连续创业者。现为奥丁丁（OBOOK Inc.）创办人、执行长，也是台湾及硅谷区块链产业的天使投资人。

奥丁丁创办人、执行长
王俊凯 Darren Wang

Q1. 区块链和旅游的结合，能不能用最简单的范例解释给读者？

最简单的应用就是利用Smart contract（智能合约）把旅游保险加入未来的行程里。比如飞机误点、行李遗失、行程取消等，在购买旅游产品的时候利用区块链跟保险的结合，旅行开始时自动生效，结束后自动失效，这对保险公司还有消费者而言，可以节省理赔的时间还有可靠度。如果消费者本身已经有区块链相关的钱包，理赔金额还可以直接汇入数字钱包里，不需要担心要过几个星期以后才能获得理赔。

Q2. 对于资源有限的微型旅宿业者（青年旅馆、民宿、小规模旅馆等）而言，可以从哪个方面踏入区块链的应用？

区块链的相关应用非常的广，但未来我们会推出关于旅馆区块链PMS系统（避免过度销售）、跨境支付（提供国际旅客更方便、更快捷的支付选项，抽成比起信用卡也更低）、把评论写到区块链上跟其他平台交换信息等服务，都是可以用很快的速度踏入区块链的应用场景里。

Q3. 区块链和旅宿的结合，能否有效增加更多外国客群？

区块链是一个新技术的层次，提供的是"信任"的服务。好比如果旅馆有区块链的评论系统，外国消费者就会知道这是一个比较国际化的旅馆，有了更多消费过的客户的评论，大家对于这个旅馆的信任度自然也会更高。比起目前的评论网站无法认定消费者有没有真的住过这个旅馆，区块链的评论系统自然就会更有参考价值。

结 语
微型旅宿的成长与未来

台湾旅宿业实现了爆发性的扩张，以2014年为例，扩充了将近150家饭店！

2013年全年平均住房率为69.28%，总营收550亿元，创历史新高，较2012年增加25亿元，增长4%；2014年1—11月平均住房率77.03%，平均房价3777元，总营收达544.1亿元，亦较去年同期增长7.82%。再拿出2015年和2016年第一、二季度的旅馆业（一般旅馆）营运报表来看：2015年1—6月平均住房率52.29%，平均房价2191元，总营收达358亿元；2016年1—6月平均住房率51.38%，平均房价2233元，总营收达372亿元。

再从2015年和2016年1—6月的数据来看，2016年的住房率较2015年低了0.91%，但2016年的总营收足足多了14亿元，可以归因于2016年的来客总数多了25万人次（需求变多，收入较去年同比增加），同时总房间数多了将近100万间（供给还是多过需求，导致住房率下降）。从"观光局"资料来看，住房率和平均房价都上涨的地区仅有：新竹县、苗栗县、屏东县、澎湖县、基隆市、新竹市、嘉义市、金门县与连江县；其中住房率增长最多的是金门县，有10%。

从整体来看，旅宿的数量的确暴增，但仔细分析不难发现，其中以微型旅宿（中、小型饭店及商务旅馆）居多。而市场有其运作机制，不论是团体旅客还是自由行旅客，都会挑选适合自己需求、价位的饭店或旅馆。趋势是自由行旅人渐增,其预算平均在110美元上下。

如今,微型旅宿面临产业升级的问题,包括成本高涨、旅宿业者约增加56%,竞争激烈、争取国际高端旅客市场。但在高增长的背后,仍存在若干隐忧,以台东为例:台东的旅宿房间数,到2020年,预计将超过1万,再加上申请中的4000多个房间,预计将达到15000个房间的规模,在此房间量的规模下,对应的台东一天接待游客4万人次,一年接待1400万人次,但是目前每年到访台东的旅客仅约300万人次,未来问题严重性可想而知。在这里Bob不得不提醒各位业者:

·旅宿家数扩张过大,竞争激烈,房价不容易拉高。

·旅宿扩充快,人才培育不足,同业挖角,造成专业人才断层。年轻刚毕业的新人未必愿意从基层做起,多数只能以产学合作模式进行。

·现阶段平均住房率近七成,但份额上以观光饭店为主。因为观光饭店市场占有率(Market Share)越来越大,小型旅馆的住宿量有被稀释的危机,加上营销能力不及观光饭店,此为小型旅馆之隐忧。

·台湾观光推广、城市营销力需再加强。以香港为例,香港差不多只有四个台北大小,但是观光客却是台湾的七倍,当然这和限定陆客来台有很大的关系,除此之外,其他城市的观光宣传也必须完备。

从上面提到的资料中不难发现,微型旅宿的"过去"质量不足;"现在"则是急速成长、复制的市场态势,百家争鸣;"未来"则是一个适者生存、优胜劣汰的现实世界。以西门町为例,近几年旅店越来越多,平价连锁、SOP服务、地点极佳、房间虽小却啥都不缺,这样的微旅宿一波波地兴起,一些早期的小旅社也都一一地翻修,配合营销策略来发展外客观光,改变老旧做法,街边拉客、今日有房这样的场景已经不复存在。

虽然微型旅宿的数量能够飞快增加，但质量上则不见得能够做到位，想要在红海中生存的老板们，必须制造出市场区隔，创造自己的个性及品牌。品牌经营、当地化、特色发展，是未来在激烈竞争中胜出的关键。

附录
线上营销懒人包

网络在手,秘密无穷。现在做生意比的是谁知道得更多!在这里Bob掌握了七大线上营销免费操作指南,内服外用后即能打通你的微型旅宿的任督二脉。

内服

✓定制视觉识别系统(VI)FREE

✓官方网站制作FREE

✓订房询问单FREE

✓活动方案管理FREE

外用

✓对手信息分析FREE:Google趋势(Google Trends)、nibbler

✓打造专属自己的大数据新闻FREE

✓掌握对手价格FREE

定制视觉识别系统(VI)FREE

现在要告诉大家的神器不仅可以被用在旅宿业,它基本上可以被用在任何产业。

这种软件叫作"Tailorbrands",顾名思义,定制你的品牌。它是一个定制视觉识别系统,不用三分钟就能够完成一整套VI(Visual Identity)。我在这里顺一次流程帮助大家了解。

1. 输入品牌名称（仅限英文），下行为副标题。

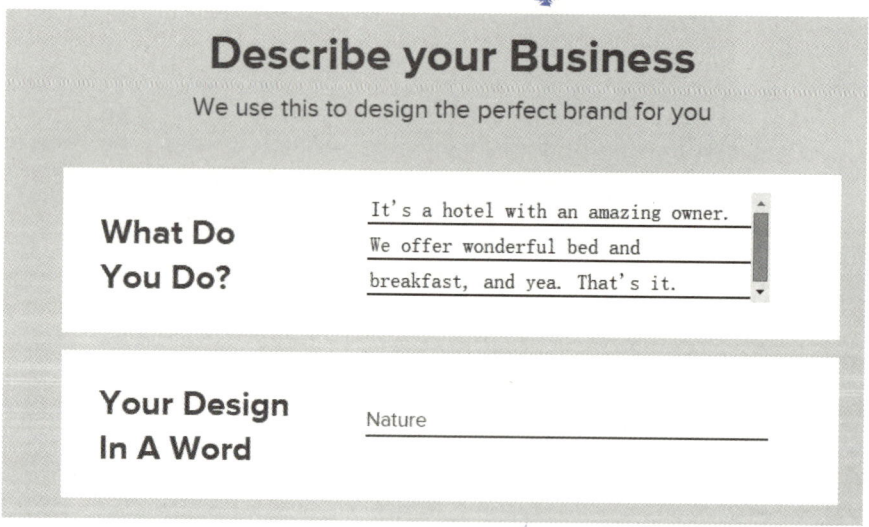

2. 描述一下你的属性（是的，只有英文）。

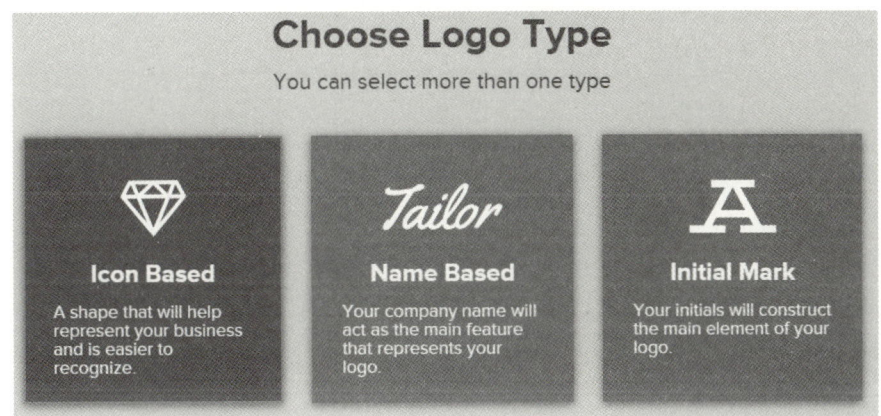

3. 选择LOGO的形式。

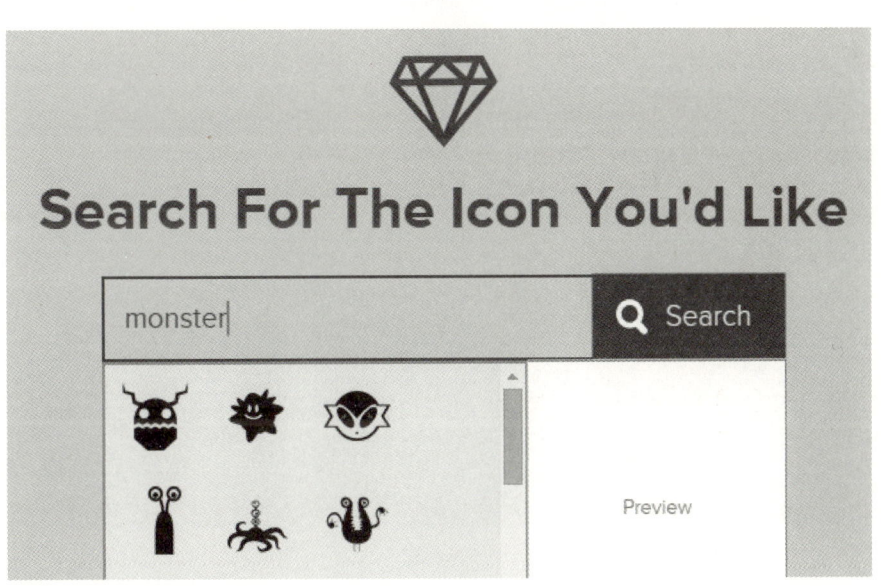

4. 选择LOGO的图案。

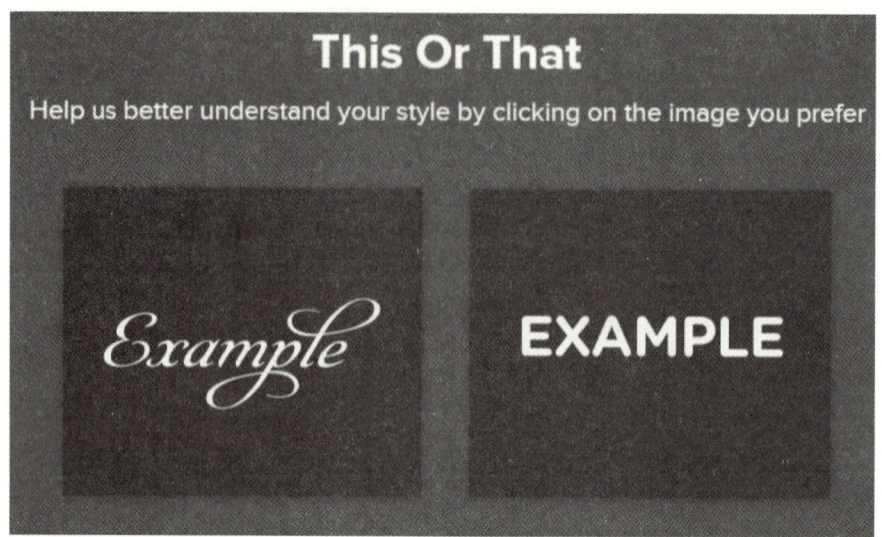

5. 选一个你喜欢的样式（若都不喜欢选 I dislike both）。

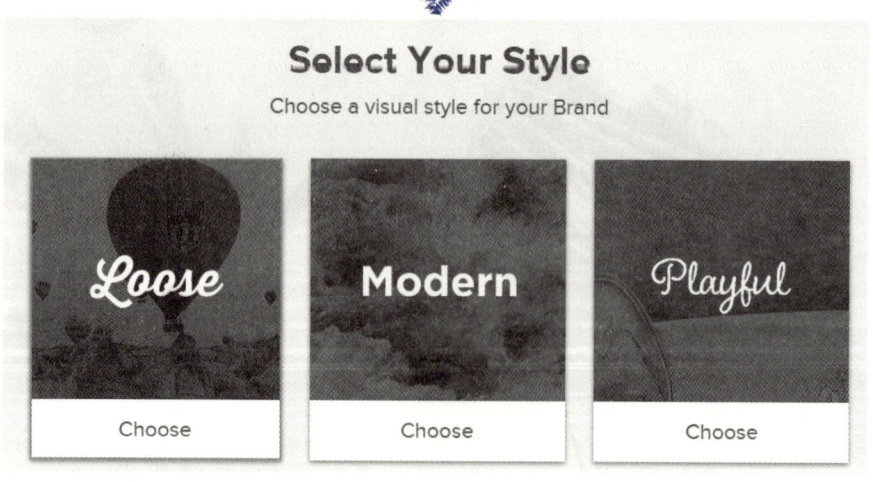

6. 哪一个合你的胃口呢？

7. 选择完后，多样的LOGO就生成了，最终选择一个吧！

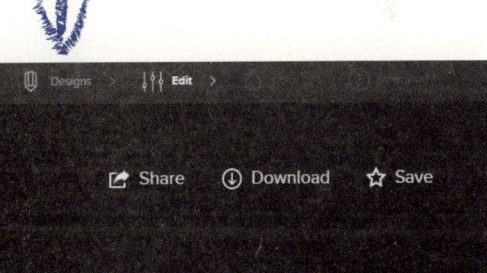

8. 选定后可以更换字体及LOGO的排列位置。

9. 修改颜色及名片的排版，LOGO和各式VI正式出炉，可直接下载。

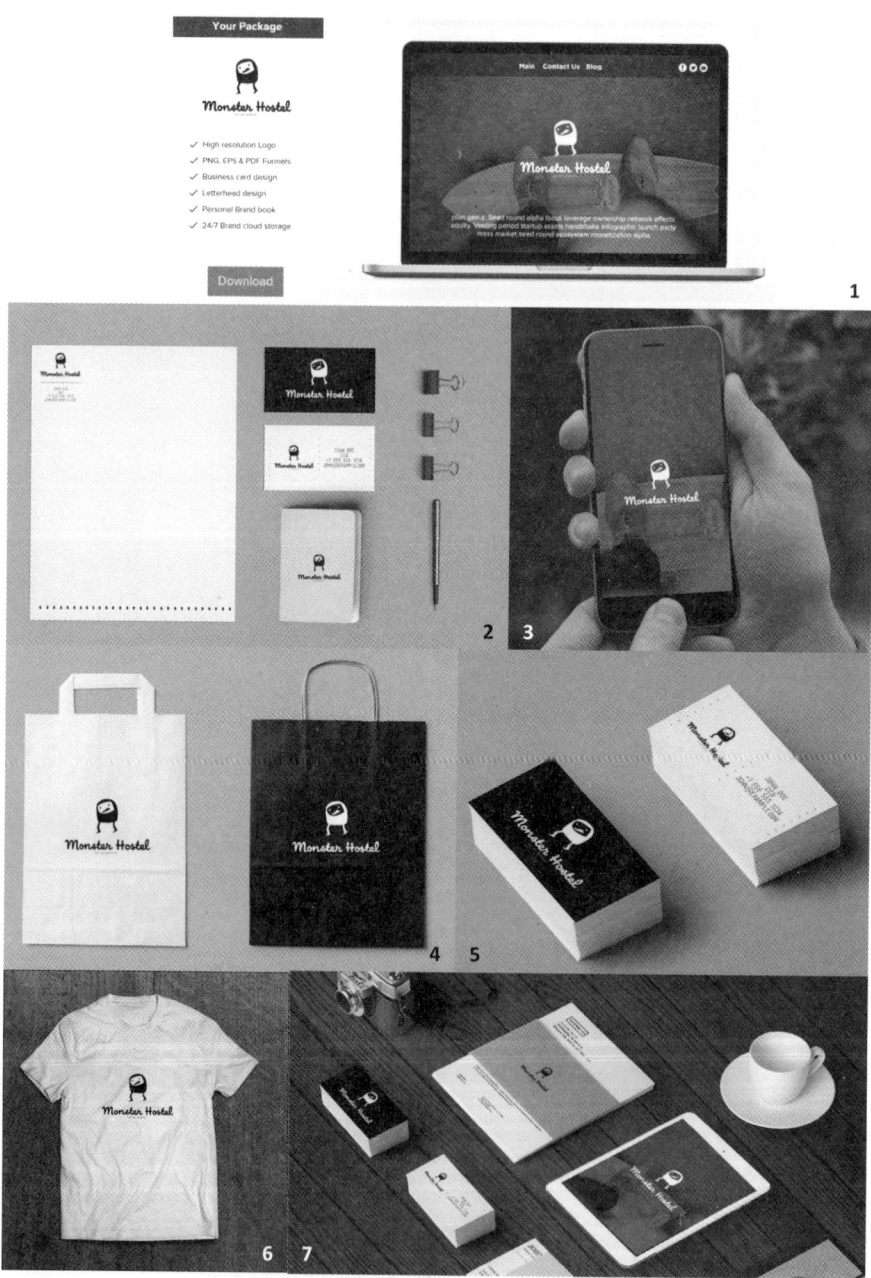

1. 可以拿来做网站底页的桌图；2. 文具系列组合；3. 手机/平板接口的底图；4. 定制手提袋；5. 精致的名片模拟预览；6. 工作服；7. 别致的输出模拟图。

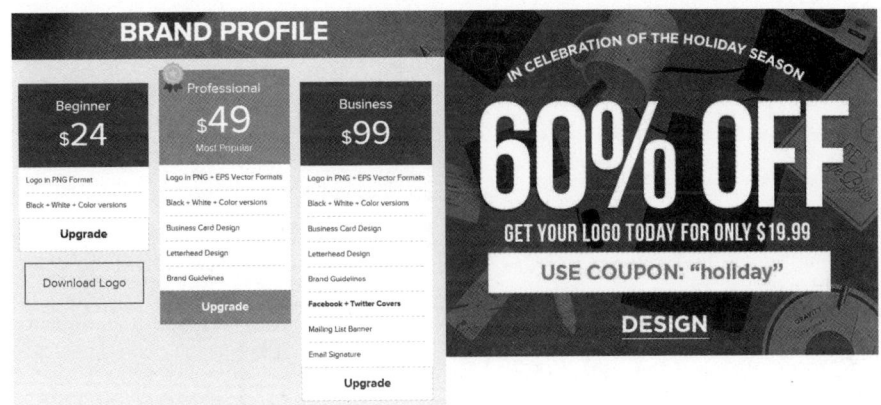

　　拿到免费图档若觉得像素不足或是想要用在更多地方，就得付费下载啰。但使用者付费在这里也是合情合理的。建议老板们做完先储存LOGO，隔几天网站会发邮件给你，提醒你还没完成购买，并且提供优惠券给你使用，幸运的话最多可以到4折。

　　这是最后拿到的免费图案，是不是很专业又时尚！

官方网站制作FREE

官方网站的制作，不需要花大钱请网站专业团体订制，现行国外有非常多的网站有免费的架站服务，例如WIX，它只需要浏览器就能通过强大的HTML5网页编辑器，轻松制作精美的专属网站。现在马上告诉你如何操作！

1. 进到网址：http://www.wix.com，选择模板区块，右边有HOTEL&TRAVEL的选项可以挑选，里头的接口和版型比较适合旅宿业使用。

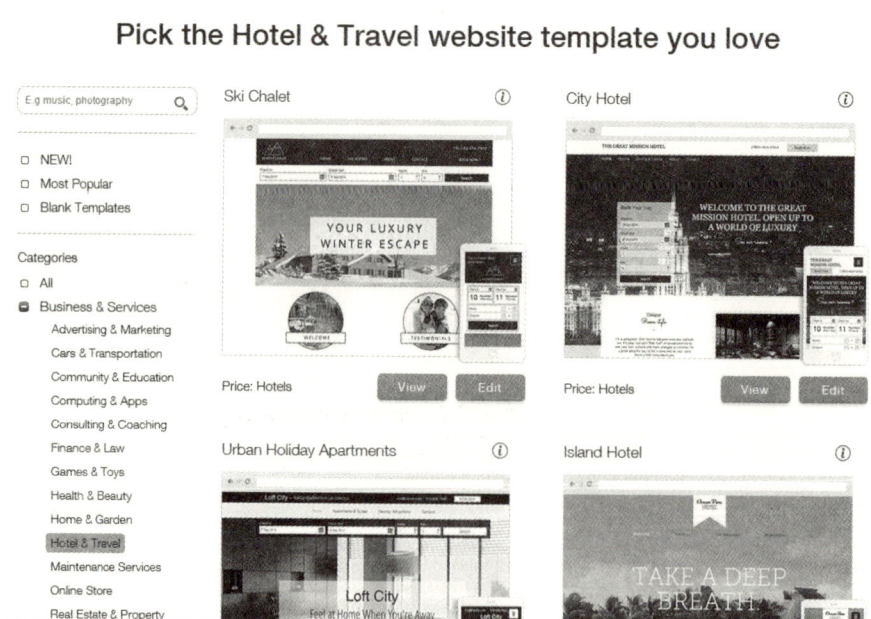

2. 挑其中一个模板可以发现它左上角有两个图案：分别是电脑和平板的模拟接口，模板十分精美，真的很难想象每个月有500MB流量是免费的。

除了有订房功能之外，在页尾你会看到一些收款机制，没错它们能够支持线上支付！它有非常多的APP可供选择，当然这些额外功能部分是要收费的。

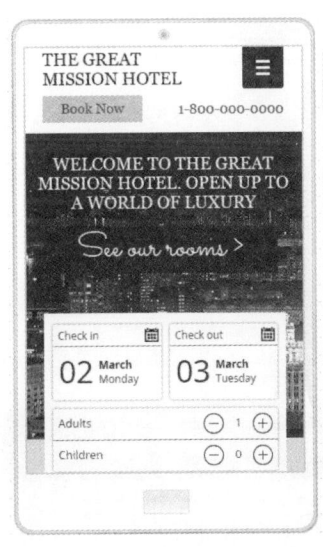

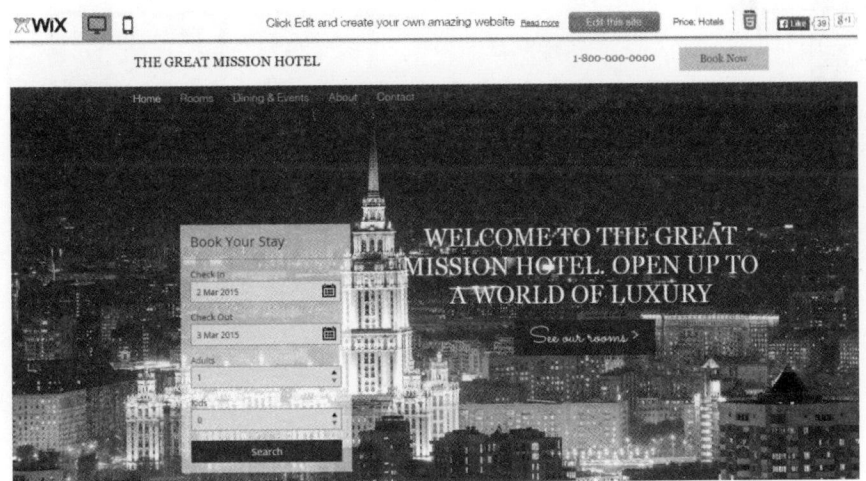

当然，免费的系统总是会出现一些广告，而且网址可能没有办法完全遵照你的意思设置，而且如果你想要消灭WIX的广告，或是加大流量和储存空间则须另外付费使用。WIX是目前我觉得在众多同性质领域中性价比最高的网站（毕竟请人架网站也需要一笔费用）。

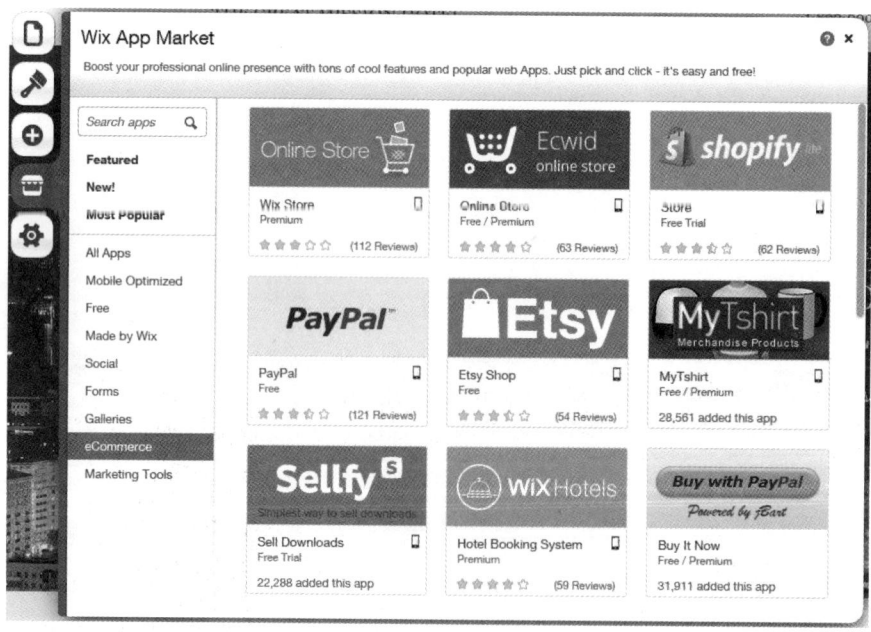

另外还有一个选择，叫"WORDPRESS"，它的UI一样很符合现在使用者的趋势，并且提供多样的模板选择，但旅宿相关的模板并不多，也没有一些额外功能。在其他设置（Device）的接口上，仍能相容，功能性相当不错。

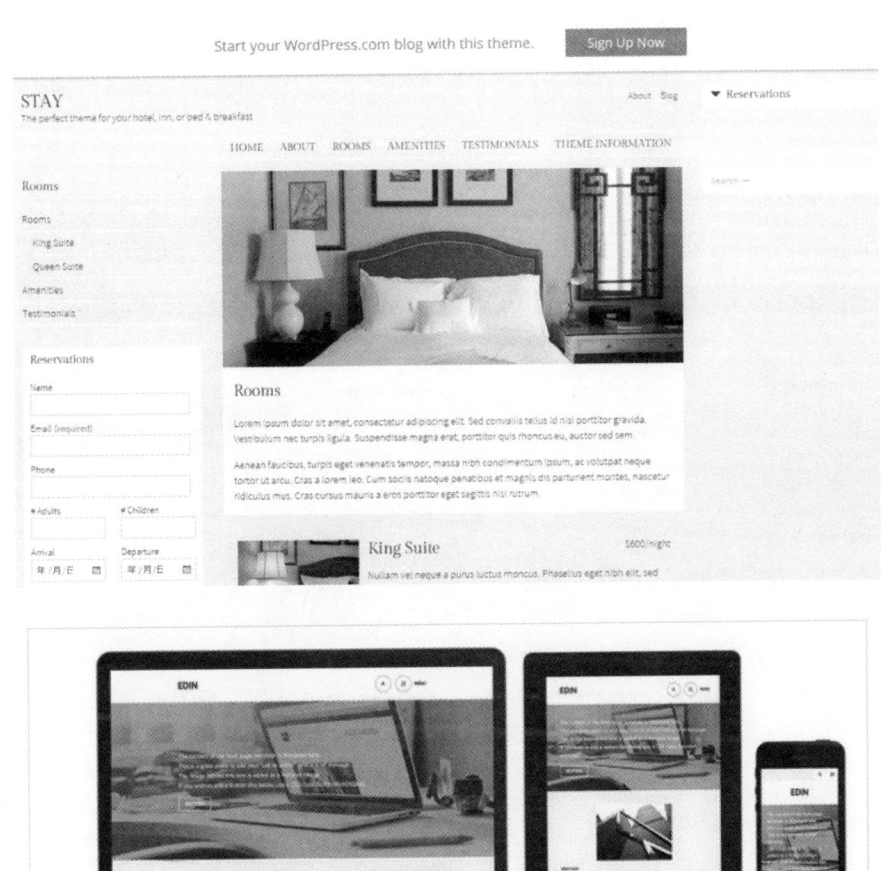

订房询问单FREE

搞定了网站，但还想要在社交媒体上面设置一个订房询问单！ 早期大家可能得通过JAVA的script或是一些不太人性化的软件来完成，现在又来一个神器啦！ 它叫"JOTFORM"。

在JOTFORM里有几百种模板供你选择，旅宿相关的模板也有很多，包含订房、订车、订行程，基本上除了模版，你也可以按照你的需求来定制询问单。

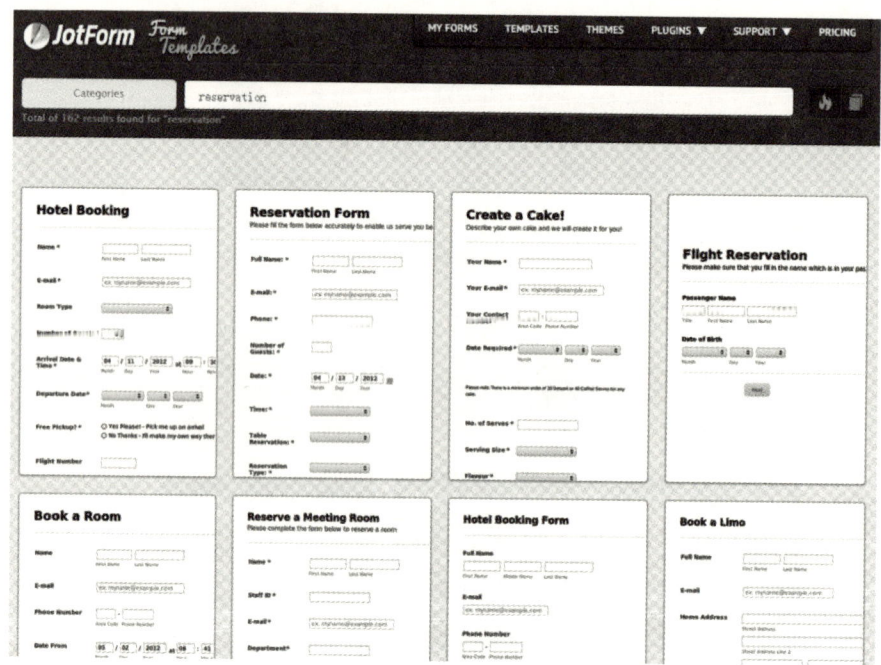

是的，免费！而且编辑接口有中文版本。

针对国外的订房，你可以使用预先授权（Payment pre-auth）表格，一并完成同意书与信用卡授权书。

免费版本的画面非常干净，没有GIF的广告横幅，但唯一缺点就是可用空间只有100MB，账户控制人只能有一位，若想要更大的空间及额外功能，则需要付费啰。

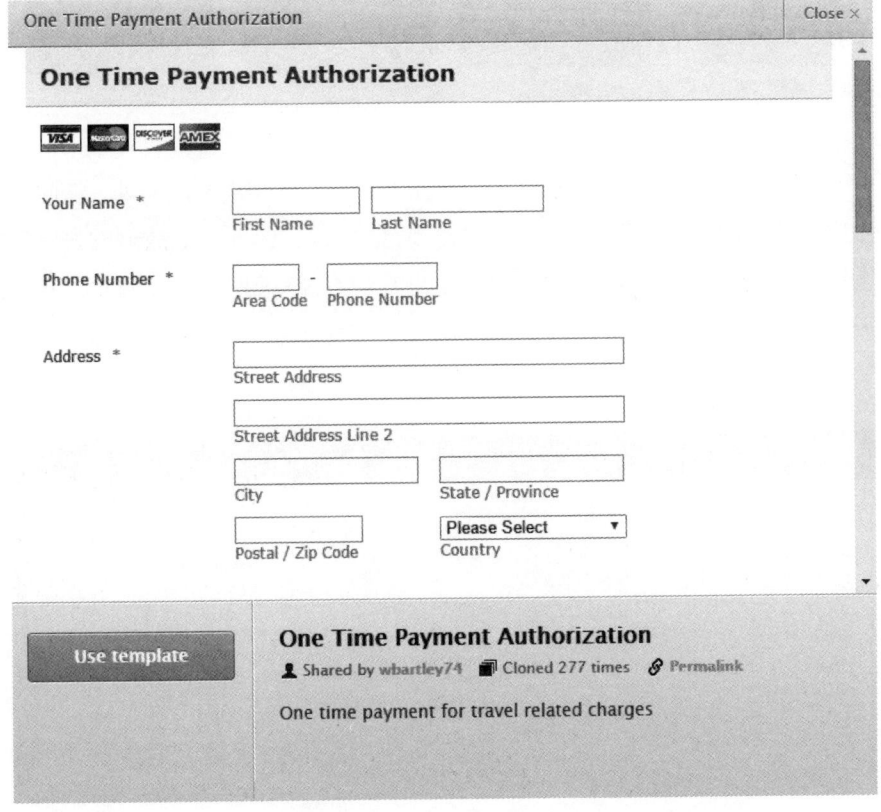

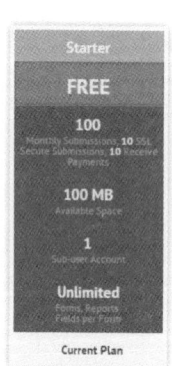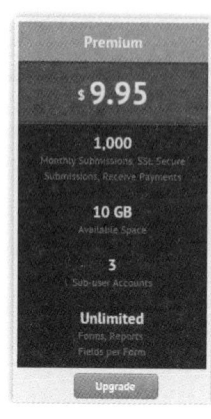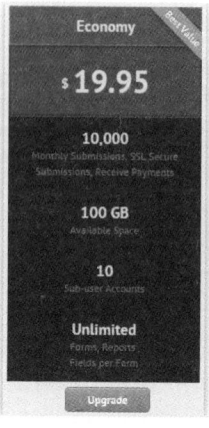

一旦完成你的个人化表格之后，它就会生成这个表格的专属网址，任何填妥提交的资料都会被存在你账号的资料库内，随时可以上来接收，收到的表格会按日期标示，也可以直接点击输出。当然，它也会发邮件到你的指定邮箱，我计算了一下，从提交到收到邮件通知只需要12秒，非常及时。

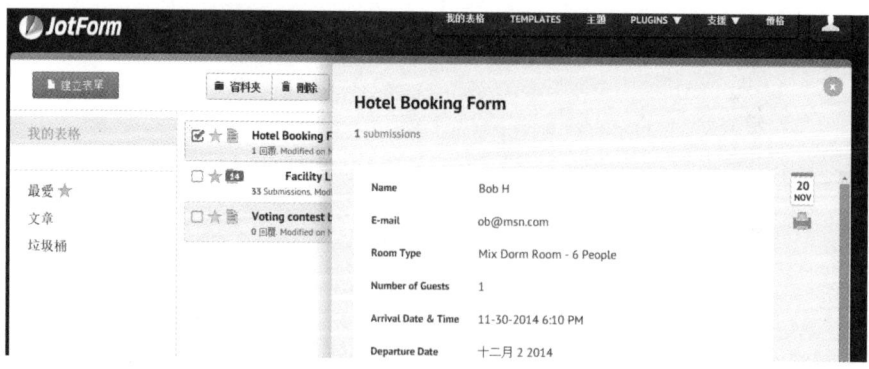

活动方案管理FREE

活动方案管理运用，它是一个云端形态的共同笔记，主要是能集众人的力量共同编辑文件、汇整信息。

而这样的平台应用为何要在微旅宿的经营中出现呢？首先它可以多方面应用，例如股东间的意见交流、每月的月度会议记录、每日的交班日志（Daily Log）。它可以实现个人撰写或组织共同撰写文件，并提供空间将这些内容妥善保存。不仅如此，它还能将每次编辑的情形记录下来（发言人是谁一清二楚），或是把内容嵌入、发布到其他网站。目前这项服务开放给所有个人用户免费使用，如果要建立私人方案，前五位使用者免费，超过后每位使用者也只要2美元费用（每月），相当实惠。

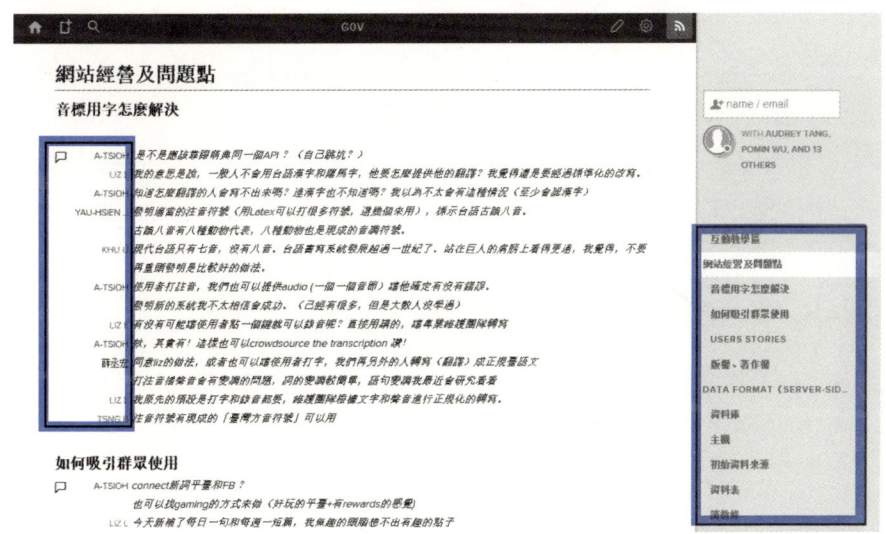

附录 195

上页图是HACKPAD的编辑画面，左边蓝框是发言者的名字，每个名字有不同的颜色，右边的是书签，可以快速转到你想要的章节。但如果我们用不到那么多的功能，建议把它拿来做每日交班日志也是挺好的。

对手信息分析FREE：Google趋势（Google Trends）、nibbler

所谓"知己知彼，百战百胜"，"秀才不出门，便知天下事"。这两句名言形容这类工具十分贴切。因为Google是个搜索引擎，所以自然拥有最庞大的资料库，大数据解析就可以从Google Trends下手。

那我们何时会使用到它呢？有几个情形我们可以靠着它协助来找出答案。

✓分辨上访业务的产品"靠谱度"

今天有三家OTA业务人员来拜访，每家都说自己是知名度最高的OTA，那么我们来问一下Google，真实数据和重大新闻点一目了然。从本页图1得知它甚至可以分析出是哪几个地区的人在关心这几个品牌，并且可以按照时间和颜色变化来体现地区的热门度。下页图2中的右上角可以转换你想调查的品牌，而右半边的数字代表了相对于地图上最高点（一律为100）的搜索量。按一下任何一个区域，便可查看该区域搜索量的更多详细信息（下页图3）。

有了这样的工具，我们就不会被业务员蒙骗，但要注意的是，Google在大陆没有相关数据，可以使用"百度统计"。

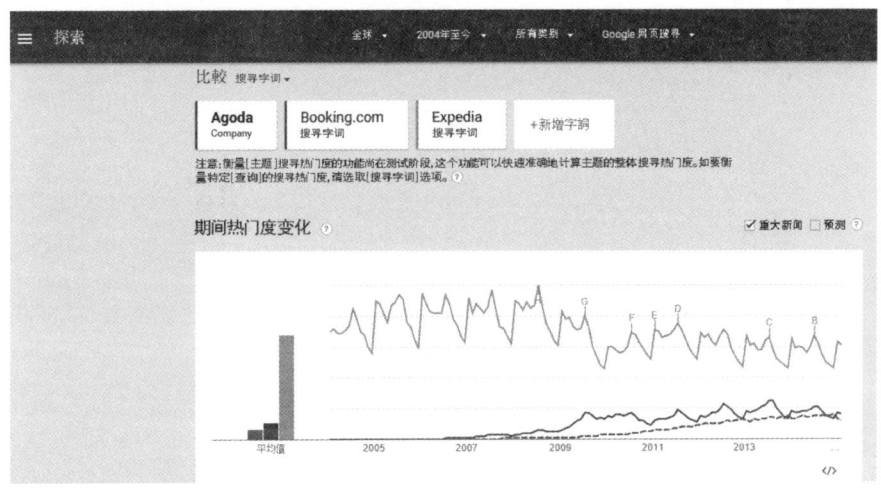

图 1

图 2

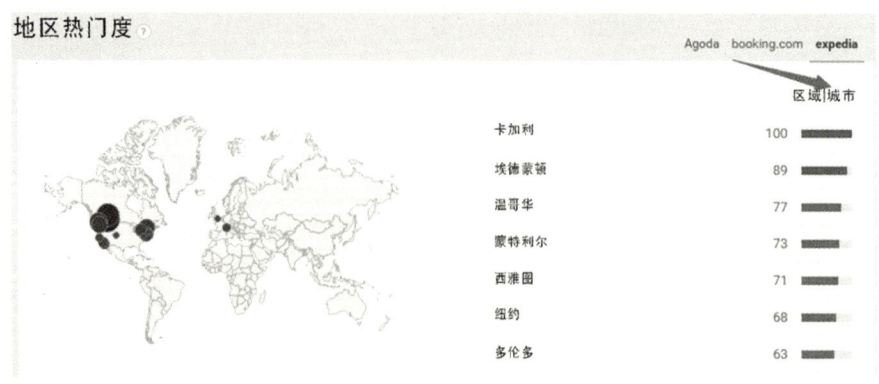

图 3

✓ 我们还可以分析一下自家的能力，看看你这阵子的努力是否有回报

可以把自家和你认为的竞争对手放进搜索比较，但若是搜索量不足也不要担心啊！很可能是客人们都能够通过网址直接链接，不通过Google Search，别太难过。

除了Google可以帮我们解答问题之外，我也仰赖另一个神器"nibbler"，它能测试任何网站！输入网站完整URL之后，会看到loading的画面以及很美的满天星辰，你要做的就是静待搜索结果出炉。评分及说明都能够在左边看到，右边则是OVERVIEW的评分，甚至对于网站的缺陷，都会一一说明，对网站丰富性或方便性不足却不自知的老板们，马上去试试看吧！

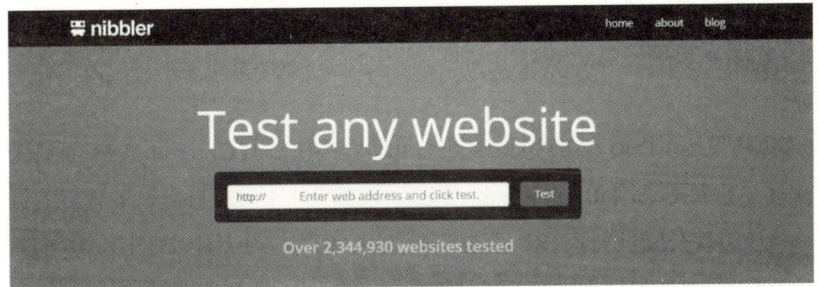

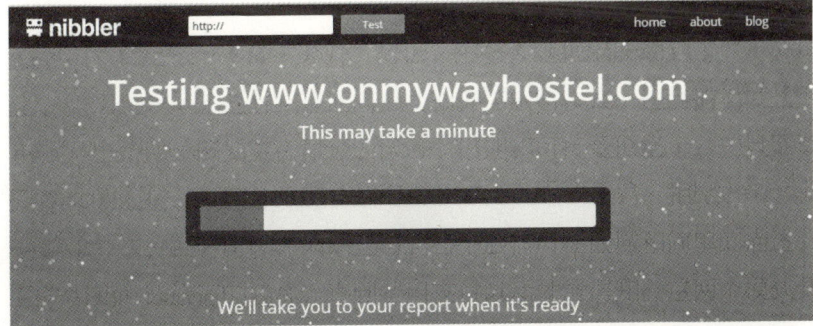

打造专属自己的大数据新闻FREE

基本上一般的微型旅宿业者并没有OTA或MSE这样的大数据可以去挖掘即时的市场动态，或是同比及环比的变化状况。最容易获取的是通过政府相关网站、旅宿网等的开放数据，来观察一年一年的变化。另一个重点便是培养市场的敏感度。时时吸收相关的市场信息，准确地说是"被吸收"这些市场信息，至于要怎么被吸收？在这边以Google Alert来举例方便大家了解。

在网址列输入：https://www.google.com.tw/alerts之后，我们再把一些你所关心的关键字键入即可，接着在设置的位置可以输入你的邮箱，并且可以指定收信的时间。

通过这样的"指定关键字"，每天能够帮你打造一份专属于你的"每日新闻"，里面的信息都是你所关切的，没有废话，可以节省不少时间。至于关键字要怎么选择，举例如下：假设你在花莲开设民宿，你的关键字可以是"花莲%民宿"（如图1）；或是我对台湾地区的OTA有兴趣，那么我可以输入"OTA%TAIWAN"（如图2）；等到了指定时间，你就会在邮箱中看到上述的快讯邮件（如图3）。

除了Google Alert这一种被动式接受新知和市场消息的方法之外，还有追踪脸书、RSS、订阅YouTube频道或是在一些国外的市场营销网站中注册并申请订阅户等方法。这些都是"被吸收"信息，比起你去找信息，这样的方式会让你更快与大数据接轨，从更多渠道接受不同来源的信息。

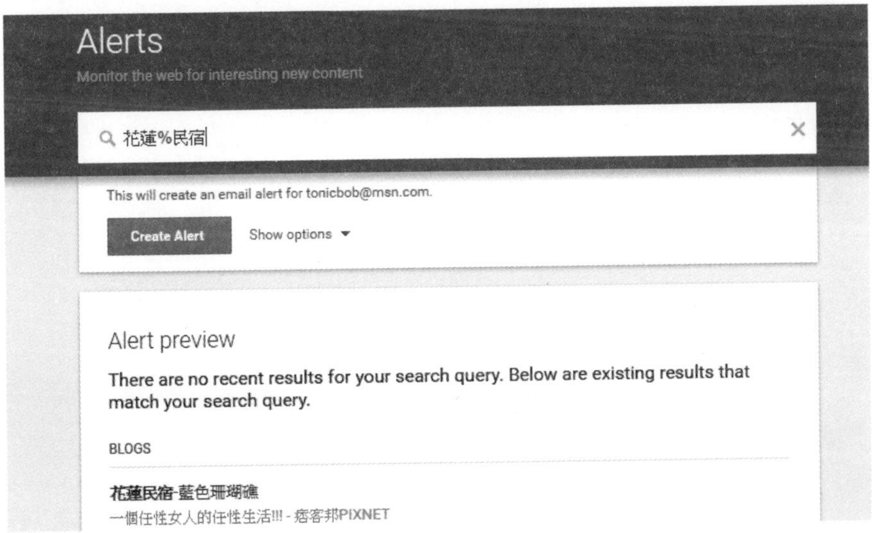

图 1

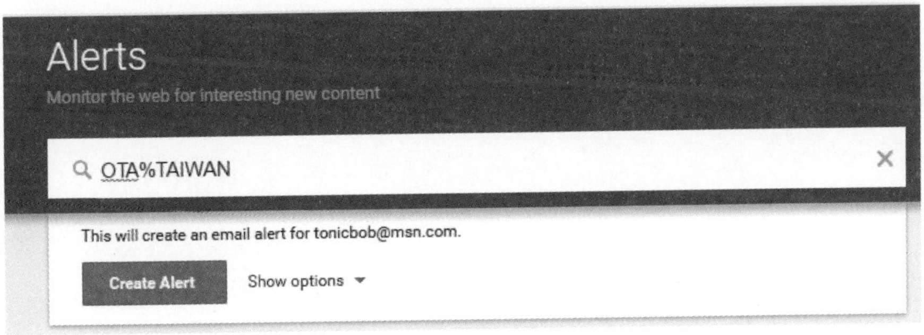

图 2

```
GOOGLE ALERT
Google Alerts          Google Alert – Daily Digest • 電商 NEWS 扶植台灣電商業者建議台版
Google Alerts          Google 快訊 - AGODA • AGODA 每日更新 · 2016年12月8日 網頁 最
Google Alerts          Google 快訊 - 藝龍 • 藝龍 每日更新 · 2016年12月8日 新聞 「葛優躺」
Google Alerts          Google 快訊 - eLong • eLong 每日更新 · 2016年12月8日 新聞 「葛優
Google Alerts          Google 快訊 - 飯店 • 飯店 每日更新 · 2016年12月8日 新聞 飯店薑好
Google Alerts          Google 快訊 - 民宿 • 民宿 每日更新 · 2016年12月8日 新聞 「好客民宿
Google Alerts          Google 快訊 - 飯店 • 飯店 每日更新 · 2016年12月7日 新聞 NBA「
Google Alerts          Google 快訊 - 民宿 • 民宿 每日更新 · 2016年12月7日 新聞 日本民宿
Google Alerts          Google 快訊 - 飯店 • 飯店 每日更新 · 2016年12月6日 新聞 巴基斯坦4
Google Alerts          Google 快訊 - 民宿 • 民宿 每日更新 · 2016年12月6日 新聞 無合法民
```

图 3

掌握对手价格 FREE

接下来，要公布一个2016年底发布的数据神器"Prophet"。它最主要的功能是可以监视竞争对手的价格走向，甚至可以设置提醒，让我们往下看。

"Prophet"中文是"先知"，这个名词是一个在很多领域，尤其是多个宗教中常用的概念，指能够与神交流并预见未来的人。

Prophet是由Channel Manager的品牌SiteMinder（SM）所开发的应用程序，它可以即时地获取你竞争对手在OTA上的未来价格趋势，方便业者做适当的应对措施。

SM目前推出了4种收费方式，当然也有免费模式。免费模式的限制条件包括一位使用者、两周的区段、两位竞争对手、入住一晚的限制、两个提醒规则。当然，这是Bob常说的免费下午茶，要吃正餐，请刷卡。

但这下午茶的功能就能让我们在收益管理或市场研究时省下不少时间！下面我们来瞧瞧它能干嘛吧！

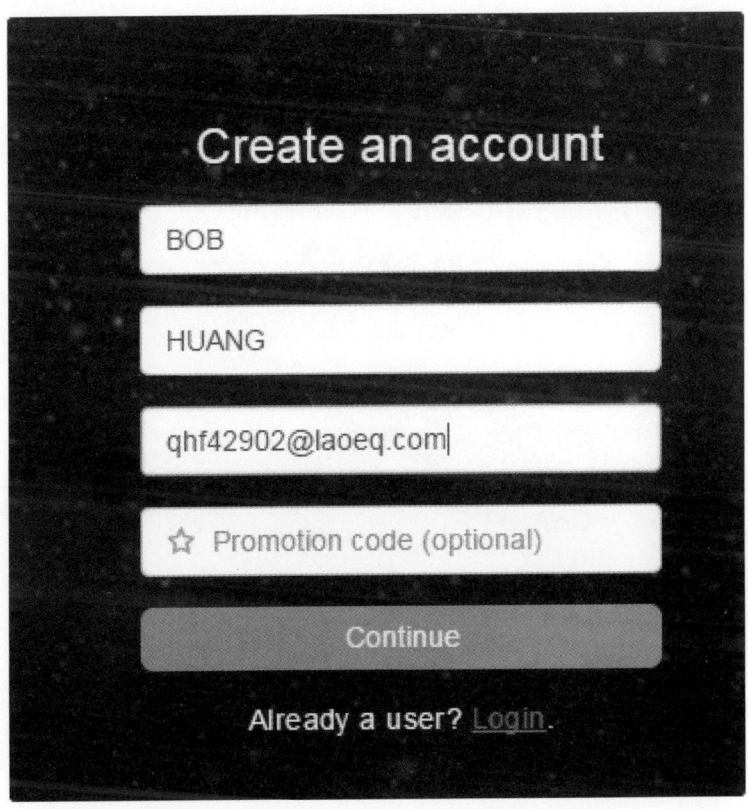

Step1. 进入登录页面。除了Promotion code，其他都得输入喔。

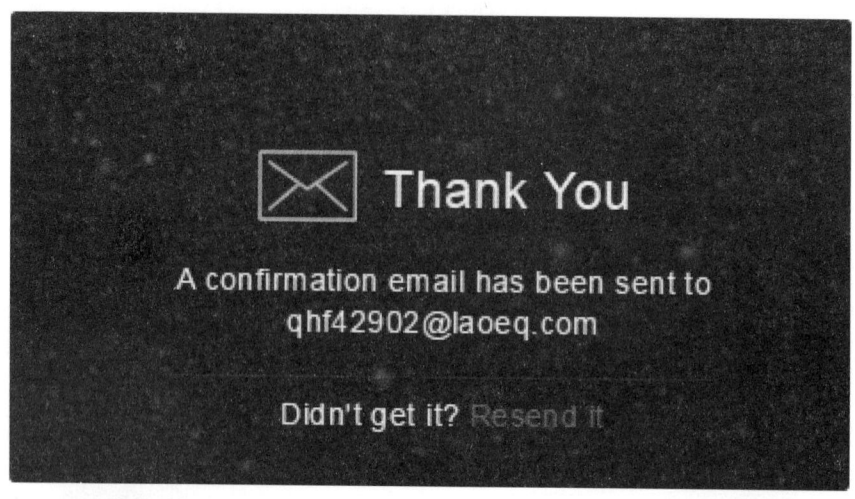

Step2. 接下来等候响应。

Step3. 你的邮箱中短时间内就会收到这么一封信，请按下Confirm My Account。

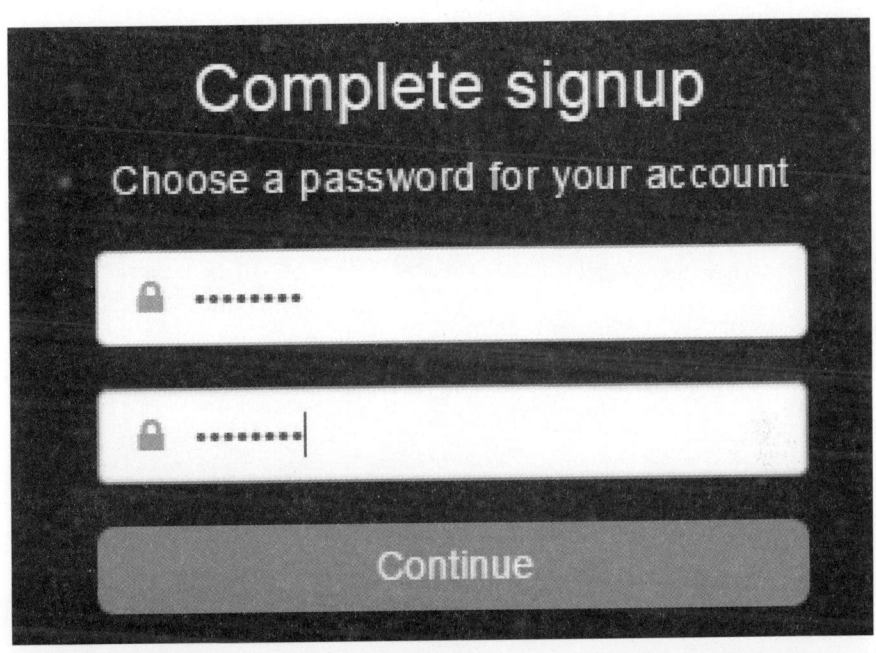

Step4. 紧接着设立一组有大小写的密码。

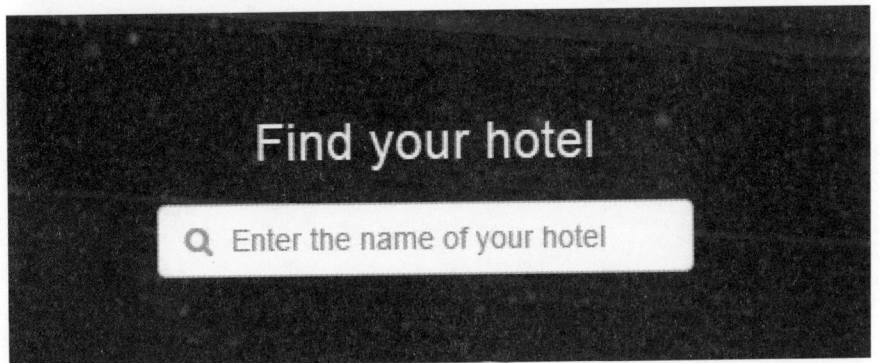

Step5. 可以开始设置你的旅馆啰，在这里能够搜寻到全世界有在OTA销售的旅宿，但若是一季内新开业的旅宿则可能不会显示，目前仅提供英文搜索。

Step6. 我把自己当成HYATT TAIPEI的业主,来做设置给大家瞧瞧。

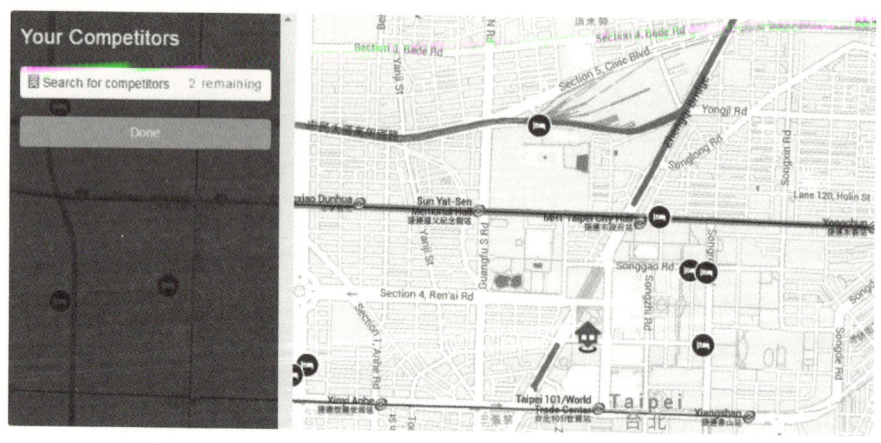

Step7. 接着你可以开始设置你的两位竞争对手(免费版本)。

Step8. 搜寻了艾美之后按右边的"+"，W hotel也以同样的增加模式之后按DONE。

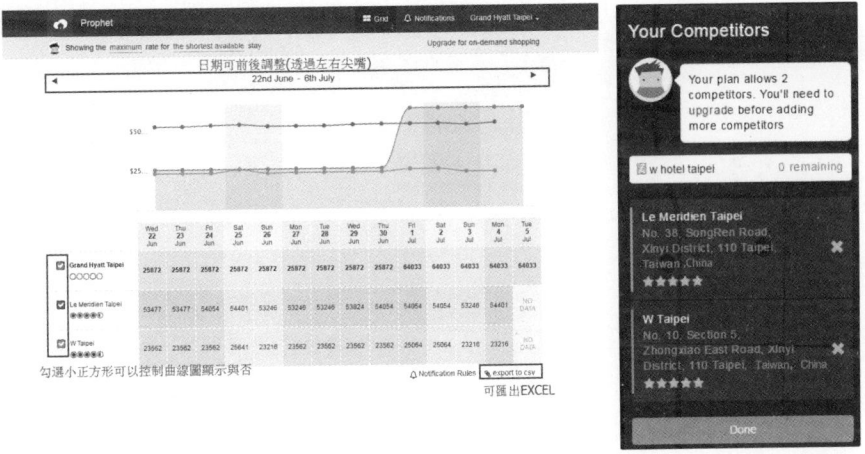

Step9. 进到了主要画面（Grid），功能解说。

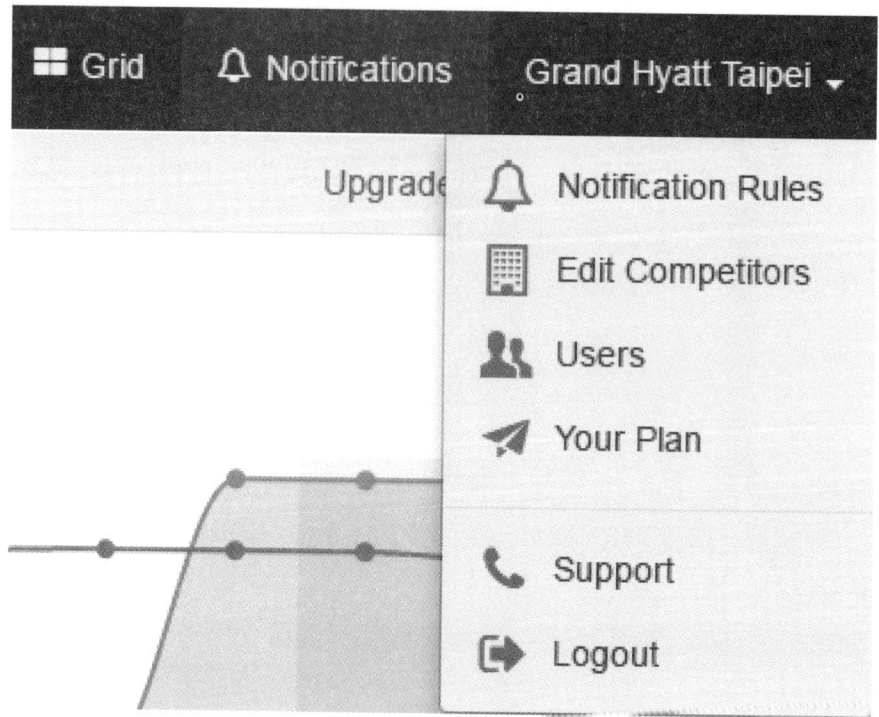

Step10. 右上角可以更改提醒规则以及竞争对手。

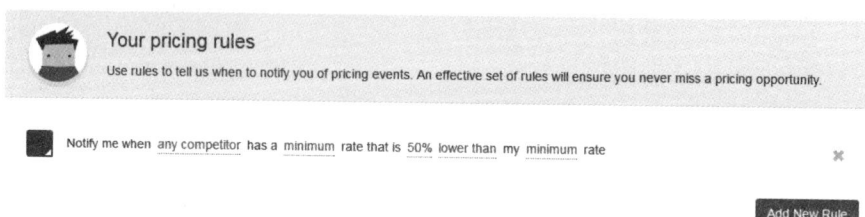

Step11. 可以让程序提醒业主，你的指定竞争对手调整了价格且达到你设定的一个值后，系统会让你知道相关情况，最多可以设两组。

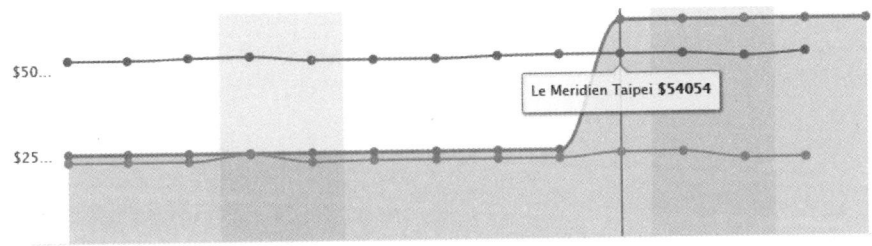

其实市面上有不少类似的系统，但Bob还是得给SM一个赞，因为其面向多元，包括业者、Pre-业者、OTA业者、TA业者，甚至消费者。再加上先知的免费模式，虽然功能有部分限制，但已经足够让使用者得到适合的信息，尤其能输出EXCEL，每日的资料收集起来，一年的价格趋势，都看得一清二楚。而Prophet的功能陆续有更正和增加，若有新的限制或功能也得让读者自己去发现啰！

感 谢

这次书籍的完工还是要感谢这些曾经支持我的书粉，你们的回馈是我持笔的动力！也要谢谢我的内人、父母、家人和领导，让我无后顾之忧地奋笔疾书。还要感谢岳父母提供的餐桌，是的，我是在餐桌上把这本书完成的。也要谢谢漂亮家居的所有工作人员！另外要感谢各位专家的不吝指教！专家包含：

公司名称	称谓	姓名
HotelsCombined	经理	Tan-Chi
SEO 专家	博士	卢盟晃
SiteMinder	经理	Kay
北门窝泊旅	总监	Janet
台中叶绿宿	业主	Kevin
台南小南天轻旅	业主	Allen
台湾青旅	创办人	魏秋富
花莲有窝客栈	业主	刘璟萱
金门北山洋玩艺	业主	Amber
普罗设计	执行长	Pro
奥丁丁市集	创办人	Darren

这本书的完成不是结束，未来在电商旅游、OTA、e-hotel应用上会有越来越多的信息冲击，都必须靠各位业主提高敏锐度去吸收新知识，培养、锻炼新技能！希望Bob的这本书能够让更多人厘清e-hotel的应用和建立基础的线上营销概念，帮助大家通过更多元的媒体去探索未来90%以上的线上产量！The Future is NOW！